书山有路勤为径,优质资源伴你行
注册世纪波学院会员,享精品图书增值服务

华为高绩效管理PBC
上下同欲、力出一孔

杨长清 著

电子工业出版社
Publishing House of Electronics Industry
北京·BEIJING

未经许可,不得以任何方式复制或抄袭本书之部分或全部内容。
版权所有,侵权必究。

图书在版编目(CIP)数据

华为高绩效管理PBC：上下同欲、力出一孔 / 杨长清著. —北京：电子工业出版社,
2021.1
ISBN 978-7-121-39849-0

Ⅰ.①华… Ⅱ.①杨… Ⅲ.①通信企业－企业绩效－企业管理－经验－深圳 Ⅳ.①F632.765.3

中国版本图书馆CIP数据核字（2020）第208179号

策划编辑：晋 晶
责任编辑：袁桂春
印　　刷：涿州市般润文化传播有限公司
装　　订：涿州市般润文化传播有限公司
出版发行：电子工业出版社
　　　　　北京市海淀区万寿路173信箱　　邮编：100036
开　　本：720×1000　1/16　印张：19　字数：280千字
版　　次：2021年1月第1版
印　　次：2024年6月第12次印刷
定　　价：79.00元

凡所购买电子工业出版社图书有缺损问题,请向购买书店调换。若书店售缺,请与本
社发行部联系,联系及邮购电话：(010) 88254888, 88258888。
质量投诉请发邮件至zlts@phei.com.cn,盗版侵权举报请发邮件至dbqq@phei.com.cn。
本书咨询联系方式：(010) 88254199, sjb@phei.com.cn。

序

感谢华为。

因为华为,中国的民族品牌让世界尊敬,中国的标准成了全球的标准。华为成了中国企业界的骄傲。

因为华为,华为的员工成了国人羡慕、学习的对象。华为员工奋斗为本、价值至上的职业精神也深深感染着那些非华为员工。

感谢华为,因为它是本书的缘起。

学习华为。

因为华为总是传递满满的正能量,从技术创新到产业报国,从创始人到普通员工。

因为华为的管理成了其他企业学习的标杆,提升了这些追随企业的领导力、竞争力。

学习华为,因为优秀的它仍在快速地成长,仍在继续着一个未完的传奇!

2017年3月30日,任正非在与华为总部人力资源部部分员工晚餐会的讲话上说:"华为的胜利也是人力资源政策的胜利。"华为人力资源在业界有普遍认可的三宝:基于三支柱的人力资源管理体系、基于PBC的绩效管理体系、基于员工成长与干部管理的任职资格管理体系。

十年前一个夏日的午后,深圳南山科技园某西式咖啡馆,当面试人员陆续散去时,一位身着正装、衣服笔挺的中年人留了下来,他是众多前华为员工中较为出色的一位，我们彼此印象深刻，面试中的沟通与交流也颇多。他留下来是因为我对他面试过程中所陈述的绩效评价方式持有不同的观点，且分歧较大。之后的八小时，我就听到了类似于PBC、BLM、AT、PL、PM、订收回、责任结果、主航道等这些平时不太常听到的名词和术语，虽偶感生疏，但仍感贴切。之后的十年，PBC成了我人力资源实践的重要组成部分，有得有失，有麻烦有惊喜，更有来自内心深处的感谢与庆幸。

作为一名HR老兵，我有多年的绩效管理实操经历，二十年前就曾作为麦肯锡远大项目小组成员深层次地参与了远大科技集团KPI库的构建与信息化。综合市面上主流的绩效管理工具，比较而言，我谨慎地认为，基于业绩承诺、责任结果、价值评价的PBC是大多数企业目前可应用的、实用的高绩效管理工具。

上下同欲、力出一孔，是众多企业管理者的理想与期望，而这正是PBC绩效管理的目标与方向。全书通过员工访谈、实地参观、应用实践等方式获取信息与资源，试图通过不同视角、不同维度，全方位地呈现PBC绩效管理的原貌和过程。为还原PBC应用场景，重现华为绩效思想，本书尽可能地保留了华为的企业语言。循着华为这种特有的文化、特有的味道，你便会渐渐地融入绩效管理的全新视界。

PBC绩效管理到底实用与否？我们来一探究竟。

目录

导言

第一章　遭误解的绩效管理 ·············· 002
　　老板多不满，员工频吐槽 ·············· 003
　　扣款惩罚多，激励奖励少 ·············· 009

第二章　绩效管理正解 ·············· 012
　　概念见不同：绩效管理、绩效考核 ·············· 013
　　文化存差异：价值至上、结果为王 ·············· 017
　　绩效有兵法：上下同欲、力出一孔 ·············· 021

第三章　华为PBC的缘起 ·············· 025
　　不速之客PBC ·············· 026
　　绩效神器PBC ·············· 030
　　华为PBC ·············· 034

第一篇　PBC全程解密

第四章　PBC印象 ·············· 042
　　PBC，一个追求赢的系统 ·············· 043
　　PBC实施的"四步曲" ·············· 048

PBC目标管理五项原则 ················· 051
　　　与PBC相关的六个重点问题 ············· 054

第五章　PBC考核表的编制与填写 ············· 057
　　　PBC考核表的编制流程 ················· 058
　　　PBC考核表的构成 ····················· 058
　　　PBC考核表应明确的内容 ··············· 062
　　　PBC考核表签署步骤 ··················· 062
　　　PBC考核表填写说明 ··················· 062

第六章　PBC目标制定 ····················· 074
　　　有的放矢：制定绩效目标 ··············· 075
　　　突出重点：抓住KPI ··················· 084
　　　挑战自我：设定挑战值 ················· 096

第七章　PBC绩效沟通与辅导 ··············· 100
　　　PBC绩效沟通 ························ 101
　　　PBC绩效辅导 ························ 118

第八章　PBC绩效评价 ····················· 126
　　　绩效评价与绩效评价矩阵 ··············· 127
　　　PBC绩效评价九法 ···················· 129
　　　绩效评价误差及成因 ··················· 157

第九章　PBC结果反馈 ····················· 163
　　　结果反馈：有话好好说 ················· 164

越来越优：绩差员工的末位淘汰 171

争做最好：员工绩效改进计划 173

更上一层楼：GROW模型做绩效结果反馈 179

结果应用：考核什么，实现什么 182

第二篇　PBC实战解码

第十章　PBC实施保障 190

绩效管理实施的顽疾：不反馈 191

S2S反馈系统：专治不反馈 193

第十一章　PBC的关键成功因素 199

关键因素：不沟通，无绩效 200

物质激励：重赏之下必有勇夫 203

激励有序：先有激励，后出绩效 204

认可激励：华为管理另式武器 206

制度样板：PBC绩效管理办法 214

第十二章　PBC Plus 224

周边绩效 225

PBC延伸 228

PBC朋友圈 232

第十三章　PBC战略管理工具BLM 258

战略管理工具BLM 259

人力资源战略地图解码 265

第三篇　PBC学习

第十四章　PBC标杆学习 270

PBC鼻祖：IBM的赢文化 271

PBC标杆：华为PBC启示 272

PBC样本：海尔PBC之路 278

附录A　PBC应用表格 285

后记 293

参考文献 294

导言

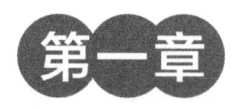

第一章
遭误解的绩效管理

第一章 遭误解的绩效管理

关于绩效管理，网上曾一度盛传"绩效主义毁了索尼""微软'失落的十年'""为何绩效主义成就了三星，毁了索尼"等文章。在2016年1月的小米年会上，雷军对KPI的态度明确："我们决定继续坚持去KPI的战略，放下包袱，解掉绳索，开开心心地做事。"全球最大的内存产品制造商、被美国《财富》杂志评为"美国最佳雇主"之一的金士顿，火锅界的领头羊海底捞等明星企业充分信任员工，对员工的绩效不予考核。类似的诸多反绩效管理观点一时甚嚣尘上，让企业的管理者对于本就难以评判、难以管控的绩效管理愈加感到扑朔迷离、无所适从。

绩效，到底管还是不管？这是个问题。

那些在企业实践中已经实施或正准备实施绩效管理的老板，对于绩效管理并不满意，对HR不指责者已是鲜见；员工更是视绩效管理为麻烦、为束缚，抱怨多、不配合。

在绩效管理实践中，老板和员工对企业的绩效管理均有不同程度的误解。

老板多不满，员工频吐槽

ZK集团的人力资源经理刘升是KPI考核的绝对拥趸。他有近十年KPI考核实施的经历，但在集团最近的一次例行绩效会议上，各部门针对当前的绩效评价结果均有不同程度的不满，牢骚与抱怨充斥着整个会议室。一个本应四点结束的会议，开到四点五十好像还没有结束的意思。董事长向总由于要赶着参加五点的会议，面色不满地看着刘升。

"刘经理，既然大家对当前的绩效考核不太满意，有没有其他更好、更合适的考核工具？我们企业就真的只能弄这个所谓的KPI系统？KPI系统真的有你说得那么好吗？"

刘升从事人力资源工作十多年了，是一名资深的人力资源经理，对于董事长的提问，他当然早有所料。

"董事长，如您所知，绩效考核的工具有KPI、360度、PBC、EAV、OKR、BSC等十多种，我个人认为，KPI是相对符合企业当前实际的。"

"符合什么实际，最起码预算就是错的。说白了，你们人力资源部搞的那些指标本来就太高了，根本不现实。"销售部马总第一个发难。

"怎么不现实？指标都是根据历年的数据，与财务部门一起测算出来的。再说，企业的管理层会议也通过了这些数据，有一定的信度和准确度，怎么能说指标不现实呢？"刘升回应道。

"管理层会议通过的数据就不能改了？谁说的？"马总有点儿咄咄逼人。

"定了的数据当然不能改了，这也是财务部门测算出来的，是有参考依据的。"刘升把目光投向财务总监朱总，朱总低头不语。

"如果定了的数据可以改的话，那么考核还有什么意义？"刘升还是有点儿不服气，全力辩解道。

"那究竟是你们定的数据重要，还是业务的实际重要？今年的业务形式急转直下，业务环境大不如前，人力资源部的人坐在办公室，光知道看数据、比大小，闭门造车谁不会？"马总提高了声调。

"你们业务部门还不是业务员本身……"刘升急了。

"行了，行了，大家说话都客气点，有事说事。"向总不耐烦地打断二人的对话。

"我五点还有一个会，没工夫听你们在这里争论。争论可以，但要对事，不要对人。"向总拂袖而去。

卓有成效的绩效管理在全球范围内是公认的管理难题。绝大多数企业公

开承认，绩效管理并没有达到预期的激励效果。国内某知名人力资源网的调查显示，85%以上的企业实施了规模不等、形式不同的绩效管理系统，有的企业执行的是绩效管理的全流程，有的企业执行的是绩效管理的简易流程，有的企业学华为，有的企业学阿里。第三方管理机构的调查结果显示，实施绩效管理的企业中有80%以上的企业认为绩效管理的实施效果并不明显。

在实践中，对企业的老板、HR来说，绩效管理又是他们越不过去的一道坎。HR在推行绩效管理的过程中，阻力不小，挫折不断。开篇案例中，销售部马总的质疑、其他部门的吐槽，只是众多的、常见的、效果不佳的绩效会议之一。糟糕的绩效会议在不同的企业、不同的地点、不同的场合频繁上演。

老板对绩效管理不满意甚至指责，对于企业的HR来说已是司空见惯，在企业绩效管理推行过程中，HR除了忍受来自老板的质疑、业务部门的抱怨，自然也免不了员工和各级主管的嫌弃。

老板心存疑问

站在老板的角度，老板之所以对绩效管理的推行心生不满或将信将疑，是因为老板普遍心存疑问：

- 绩效管理增加了人力、物力等资源的投入，最终得到的效果却不明显，那么投入资源到底值还是不值？
- 员工总是抱怨与抵触，人力资源部的人做事到底靠不靠谱？
- 企业好不容易培养的几个核心员工都离职了，与人力资源部制订的绩效管理方案难道没有关系？
- 绩效管理的推行会影响组织的最终运转和效率吗？
- 绩效管理真的对员工的业绩增长有实质性的帮助吗？

- 每个人都忙，业务部门本来就挺忙，他们会有时间配合人力资源部开展绩效考核吗？有了绩效管理或绩效考核之后，大家岂不是更忙？

- 前几任做的绩效管理效果并不好，这次该不会又重蹈覆辙吧？

- 实施绩效管理之后，大家会不会相互比较工资和奖金，进而导致企业内部不和谐，那不是更乱了吗？

- 绩效管理太复杂，我自己都不太懂，人力资源部的人真的懂？

员工纷纷质疑

站在员工的角度，既是考核者同时也是被考核者的各级主管、员工也纷纷提出质疑：

- 企业的绩效管理太复杂了，增加工作量不说，效果也不太好。老板也还不是常常批评人力资源部的人？

- 绩效奖金就跟撒胡椒面儿一样，根本就没有当初HR描述得那么好。哪有什么激励？

- 我自己也想更好地发挥个人能力，为企业做出更大的贡献，但我不知道如何做，做到什么程度，有人能告诉我吗？

- 有人能告诉我哪些方面做得好，哪些方面需要改进，以及如何改进吗？

- 大家都很忙，我也很忙，但大家都在忙什么？

- 作为考核主管，我有哪些权力？管用不？

- HR只知道定指标，指标那么高，谁做得到？

- HR动不动就制定一些规则，规则还经常改，难道把我们主管当透明人？

- 有的领导打分高，有的领导打分低，主要看谁手松手紧，最终还不是老实人吃亏？

现实中的绩效管理总是受到无穷的打击与碾压，对绩效管理不满的员工不在少数，从企业意见箱中的员工意见可窥一斑。

一个周末的下午，有点儿空闲的向总让人力资源经理刘升打开了董事长办公室的董事长信箱。刘升将留言条逐一念给向总听。

"绩效考核结果不好的人也没见受到处分，日子仍过得很滋润。"

"很多同事对企业的绩效管理大都是应付、走过场。"

"绩效管理实施快三年了，对于工作不是更有压力了，目标更清晰了，而是大家手头要做的文案和要填的表格增加了。绩效管理是不是在给我们添乱？"

"大多数部门领导考核时能实事求是，但也有一小部分人做好好先生，分数顶格打，都是95分。"

"绩效奖金不痛不痒，形似鸡肋。"

"绩效管理不是管员工，而是管干部。员工都是95分，干部都是75分。这对管理干部不公平。"

"也是没谁了，天天加班，最后绩效考核得个C，作孽呀。"

"一C毁所有呀。"

"考不考核都还是那个样。"

"就因为我和主管争吵了一句，最后的考核结果就得C，没道理啊。"

很显然，对这一次的季度考核，员工不满意，批评如潮，管理干部也不满意，隔着纸条都能感受到员工与主管的不满与怨气。刘升拿起桌上的纸巾不停地往脸上擦着,可脸上根本就没有汗。

刘升边整理边读给向总听,桌上还剩下一大堆留言条没有读。

"好了,刘经理,我有事先走了。"向总提前走了,留下刘升一脸茫然。

老板的不满、员工的吐槽、第三方机构的调查结论,都表明绩效管理在企业管理实践中应用得并不好。既然用得不好,企业为何偏偏又弃之不得呢?

企业绩效,管起来麻烦,不管更麻烦。管还是不管?下面先从企业的本质说起。

企业的本质

企业的本质是什么?企业是以营利为目的、从事生产经营、为社会提供产品和服务的经济组织。企业属于商品经济范畴,作为组织单元的多种模式之一,是按照一定的组织规律有机构成的经济实体,以实现投资人、客户、员工、社会大众的利益最大化为使命,通过提供产品或服务换取收入的社会组织。通俗地说,企业就是一个营利的机构。

说到底,企业的本质是"为利而生,因利而生"。

为利而生,是因为股东们成立企业的初衷便是要获取企业的利润;因利而生,是因为企业只有有了利润才有能力发展、壮大。而企业之利的源头则是企业的绩效,没有绩效,企业便无利可言。企业是一个商业组织,是为利润而存在的,绩效是给企业带来利润的唯一渠道。

企业的绩效与员工的绩效

对于企业来说,没有绩效,没有利润,就没有存在的意义,所以企业用绩效说话。企业需要通过绩效来证明企业的领先优势、品牌号召力、强大的客户服务能力。

企业用绩效证明自己存在的价值；员工用绩效证明自己被企业雇用的价值。为利而生的企业倡导绩效至上的经营管理理念自然是顺理成章的。对企业而言，对绩效的追逐与管理是相伴始终、亘古不变的。

我们一般认为，员工的绩效直接影响企业的绩效，对员工的绩效管理是企业管理的核心内容之一。没有绩效的企业是没有生命力的；没有绩效的员工也是没有生命力的，其职场之花终将枯萎、凋零。职场人士靠绩效说话，靠结果生存。

老板不满、员工抱怨，说明企业绩效管理还有更为广阔的提升和改善空间，当下的绩效管理手段与工具亟待改善。

扣款惩罚多，激励奖励少

小D是人力资源经理刘升手下负责培训的主管，每天加班加点，工作勤勤恳恳，平时工作也是成果不断，业绩不错，但是每个季度的考核，小D从没有得过满分，一般都是在90分以下。

一天，小D遇到刘升，聊到了上个季度绩效考核的事情。

"头儿，我的绩效工资就没有拿全过，分也打得太低了。"

"太低了，哪里呀？"刘升告诉小D，"你的分数，我给你打得够高的了，其他人才打多少啊，我可以告诉你，整个集团没有一个人的绩效考核得分等于或超过100分，这是向总的考核理念。向总认为，考核就是找出员工的不足，与每月的工资挂钩。一个员工不可能没有不足，所以每个人的绩效考核得分最后都要低于100分，但不能低于70分。如果低于70分，那么一个月的绩效工资就都没有了。"

小D很惊讶，他觉得自己的表现其实并不差，虽然谈不上优秀，与其他岗位相比，也不算突出，但无论如何不至于连工资都拿不全呀。小D越想越气，给分管的企业领导写了封申诉信，距离申诉时效天数都已经过去两天了，小D仍未得到回应。

一个星期后，经过深思熟虑，最终小D选择了离开。

因绩效考核导致员工离职的案例在企业中并不鲜见。

在绩效管理实践中，员工对绩效管理避而远之的原因有许多，或者因为嫌弃，或者因为不满，而导致这种嫌弃与不满最窝心、最直接的原因就是罚得多、奖得少。企业推行绩效管理之后，许多员工发现，他们的工资收入随着绩效管理的推进与深入反而越来越少了。员工每个月的工资很少能拿满，就更别提奖金与奖励了。员工与主管对绩效管理的吐槽，其实不是对绩效管理本身有意见，更多是因为他们的收入不升反降，认为绩效管理变成了企业扣钱的工具和手段。

传统的绩效管理导向是惩罚绩差者，重负向激励

传统的绩效管理，一言不合就扣钱，好像对于绩效管理者来说，扣钱成了绩效管理的重点，绩效改善反倒被放在了一个次要的位置。

罚多奖少，绩效管理导向出错了，被考核的员工自然也迷失了发展的方向，怎么会不选择离开呢？员工的离开对于不合理的绩效考核体系来说其实是一个大概率事件。

如果企业有意无意地把绩效管理作为惩罚员工的工具，那么员工的行为导向就是避免犯错，"我不犯错，企业就不会罚钱"。于是，员工工作的重点就变成了不犯错。怎样不犯错呢？少做，不做！员工表面上遵规守纪、按部就班，暗地里却是能少做就少做，能不做就不做，最终受损的是企业。

现代的绩效管理导向是提升绩效，重正向激励

绩效管理是管理者和员工在目标与如何实现目标达成共识的基础上，通过激励和帮助员工取得优异绩效，从而实现企业目标的管理方法。绩效管理不能为了绩效管理而进行绩效管理。绩效管理的目的不是对绩效不好者惩罚，而是要找出绩效不好的原因及改善的措施，通过激发员工的工作热情和提高员工的能力及素质，提升员工个人绩效，从而提升企业的整体绩效，将个人的目标和企业的目标紧密联系起来，达到双方的共赢和统一。

绩效管理不是单方面的企业考核员工、控制员工，要员工被动接受。现代的绩效管理实际是双方达成的心灵契约，彼此遵守。既然是契约，就是双方协商一致的结果，如果没有给员工基本的尊重，员工就会从心底里抵制，这样的绩效管理是不公平的，也达不到绩效管理的效果。

如果绩效方案的设计初衷是罚多奖少、以罚为主的话，绩效管理自然也就容易遭人误解了。

第二章
绩效管理正解

企业可以搞定复杂的产品工艺、多变的客户需求、难猜的市场动向，却唯独难以搞定企业内部的绩效管理，问题的核心在哪里？

普遍的观点认为，绩效管理之难，并非因为绩效管理的技术有多复杂，而在于绩效管理没有在组织上达成一致，没有在认知上形成统一，组织绩效与个人绩效不对称。通俗地说，就是主管想主管的，员工想员工的，主管与员工之间没有做到上下同欲、力出一孔。

绩效管理如何才能取胜？借用《孙子兵法·谋攻篇》的观点：上下同欲者胜。

概念见不同：绩效管理、绩效考核

> 我们将推行绩效改进系统，按绩效改进来确定员工的待遇与升幅。绩效改进比绩效考核要科学，并减少了矛盾。每人以自己为标准，不断地把今天与昨天比，从而推进个人与企业的进步。
>
> （资料来源：任正非. 狭路相逢勇者胜. 华为人，1998，（66））

"我们部门绩效考核搞得不好，领导也不重视，每次到了考核的时候才知道有绩效考核的存在，你们部门呢？"

"我们部门绩效管理也差不多。一天天地考个不停，现在不但别的部门的人见着我烦，人力资源部的同事也开始嫌弃我了。你说我碍着谁了，冤不冤？"

"你们有什么冤的，绩效考核、绩效管理还分不清，领导没有怨气，员工没有怨气，其他同事没有怨气才怪呢。绩效管理当然要考核和考评，但也不是一味地考、考、考。"人力资源部经理刘升到茶水间倒水，听到两位人力资源同事在抱怨，一个是负责绩效的小W，另一个是民用产品事业部的人力资源主管小L。

企业HR绩效考核与绩效管理不分的，大有人在。倒不是说他们真的区分不了二者的基本概念，真要他们陈述二者的区别，他们也能说出大致的不同。只是到了绩效实践时，大家都疲于应付，无暇顾及细节与本义，都奔着任务和目标去了，把绩效管理的焦点放到了考、考、考上，而不是管、管、管上。

作为HR，要认真、系统地理解绩效管理与绩效考核的本质区别。绩效管理与绩效考核的不同，其实也反映了绩效的管理者或实施者在推行绩效管理过程中的一种心态与潜意识，也决定了绩效管理结果的不同。

绩效

绩效是指员工在履行岗位职责或角色要求的过程中所表现出来的行为和达成的阶段性结果。企业的绩效有普通员工绩效与管理者绩效之分，二者绩效管理的侧重点不尽相同。对于管理者而言，除了具有普通员工绩效的全部内容，还包括管理者所辖员工的绩效、管理者所辖部门的绩效。

业内标杆企业华为是如何定义绩效的呢？

华为早期内部培训教材曾这样定义绩效："绩效是指员工在履行岗位职责或角色要求的过程中所表现出来的行为（How）和达成的贡献结果（What）。"绩效是员工在履行岗位职责过程中的有效产出和结果，只有最终对客户产生贡献才是真正的绩效，绩效要以对客户价值做出的贡献大小来衡量。

华为的绩效定义中分别提到了What和How。What是做了什么，是具体成果、绩效的结果，是落后指标。How是怎么做，是其他影响结果的因素，如心态、行为、能力、方法，是领先指标。

如果一个篮球队只重视具体结果，考核和奖金都只看投篮多少，有效传球多少，有效防守多少，会有什么问题？奖金越多越可能激励大家抢分数，最严重的可能是开球就投篮，如果只关注落后指标的考核，那就要很小心，因为人性会因考核、奖励而扭曲。

除了考核落后指标，当然也要考核领先指标。比如，球员产生本末倒置的破坏行为要不要扣分？球员平时有没有准时进行训练？球员有没有注意基本功？球员有没有运动员精神？没有领先指标的牵引，就不会有好的落后指标。华为的绩效定义做到了兼顾这二者。

绩效管理

关于绩效管理，不同的企业有不同的定义。

根据麦肯锡的观点，绩效管理是企业战略得以实施的重要保证，通过对企业战略的建立、目标分解、绩效评价，将绩效结果应用于企业日常管理活动中，以激励员工持续改进并最终实现组织战略及目标的一种正式管理活动。

华为认为，绩效管理就是管理者和员工的双赢，双方就目标及如何实现目标达成共识，并帮助员工成功实现目标。绩效管理不是简单的任务管理，它特别强调沟通、辅导及员工能力的提高。绩效管理不仅强调结果导向，而且重视实现目标的过程。

绩效不是考核出来的，是管理出来的。

绩效管理就像架在组织目标和员工之间的一座桥梁，把企业和员工紧密地联系起来。通过对战略目标的分解，先分解到部门，进而分解到具体承担任务的员工，使每个看起来有"三万米高度"的战略目标最终转化成每个员工的具体行动，将企业的战略目标与员工的岗位职责结合起来，形成企业全体员工的联动、协调。

绩效管理是嫁接组织战略目标和员工职责的最有效的工具。

组织的战略目标制定出来了，但战略目标不能只贴在墙上，也不能只飞在天上，最终要落地，而使这些目标能够有效落地的工具就是绩效管理。

绩效管理是企业各项经营管理活动的统称，包括战略、人力、财务、生产、采购、销售等各个系统，企业所有的管理活动都属于绩效管理的范畴。绩效管理不只是人力资源部的事情，而是企业各个部门、各个层级、各个单位的共同责任。

绩效考核

绩效考核是企业按照既定的绩效管理方案，对各项主要经济技术指标完成情况进行的考核。绩效考核仅仅是企业的一个管理手段。绩效考核是以人力资源部为主、个别职能部门参与的一项管理活动。绩效考核的目的就是利用比较科学、合理的办法把工资和奖金分配好，体现薪酬分配的公平、公正。

绩效管理与绩效考核的区别

绩效考核是绩效管理的一部分。完整的绩效管理包括绩效计划、绩效实施、绩效考核和绩效反馈四个环节。

绩效管理与绩效考核的过程不同。绩效管理重视过程、控制过程，过程是保证。绩效考核重视结果，突出绩效以结果为导向。

绩效考核重点在于考核。在绩效考核当中，管理者的角色是裁判。绩效管理的重点在于员工绩效的改善，在绩效管理中，管理者的角色是教练，通过管理和持续地沟通来指导员工，帮助或支持员工完成工作任务，实现员工个人绩效和组织绩效共同提升的双赢。

绩效考核与绩效管理细节对比如表2-1所示。

表2-1 绩效考核与绩效管理细节对比

绩效考核	绩效管理
绩效=对个人的总体感觉	绩效=附加价值（结果+行为）
评价等级	完成绩效目标
凭个人判断去衡量	凭结果去衡量
填写大量的表格	与企业目标相结合
每月或每季度填表	关注价值创造的过程
以人力资源部为主	以直线经理为主
点状管理	持续循环的管理
单向从上到下	注重员工的参与
用于分配奖金或利润	用于绩效调节、规避风险

绩效管理强调的是事前计划、事中控制和事后改善，注重绩效的改善和提高。绩效考核只是绩效管理中一个非常自然的部分，考核时绩效已经产出最后的结果了，如果结果是企业已经亏损了，再来考核，再来降低员工的工资就没有意义了。

企业的绩效结果是过去的绩效，是一个落后指标，过去的绩效不等于未来的绩效，过去的已经成为事实无法改变。绩效管理的重点要放在未来的绩效上。主管的责任是认真帮助下属了解过去的表现，并探讨未来要采取什么具体行动，激发下属的潜能，引导他们创造出更好的未来绩效。这也是人力资源从业人员在通常情况下重点强调绩效管理而不是绩效考核的原因。

绩效考核的重点是过去，绩效管理的重点是未来，这是二者最大的不同。

文化存差异：价值至上、结果为王

> 不要把关键事件行为过程考核与责任结果导向对立起来，责任结果不好的人，哪来的关键事件。
>
> （资料来源：任正非在干部管理培训班上的讲话，2003年）

在企业实践中，如果大家都自动自发、全力为公、爱岗敬业，那么企业也用不着费心费力地进行绩效管理了。从人性角度来说，德很难评价，标准也很难统一，因此企业中每个人的工作行为与工作方式都需要被管理、被牵引。

"牵引"在华为是一个使用非常高频的词。华为靠什么牵引？靠客户牵引，即任正非所说的"龙头理论"，客户是华为的龙头。从组织结构来说，市场一线的组织是龙头，企业一切的经营活动都会围绕这个龙头的摆动而摆动，至少在顶层设计上，华为是这么想的，也是这么做的。面对不断变化的外部环境，企业也会经常遇到各种各样的问题，所以企业要通过不断变革去消除这些问题，并非一劳永逸。有效的绩效管理可以牵引企业有效成长，有效地消除企业成长中出现的问题。

为企业创造价值是员工存在的唯一理由

华为认为，为客户服务是企业存在的唯一理由，为企业服务则是员工存在的唯一理由。这里的服务是指有价值的服务。

企业的存在就是为客户创造价值，员工的存在就是为企业创造价值。只有创造了价值企业才能生存，也只有创造了价值才会有价值的二次分配，创造的价值越多，可分配的价值才会越多。分配价值的关键不只是分多少，更重要的是怎么分。分了要能激励大家更努力地创造更多的未来价值，如果分了不能激励大家还不如不分。

绩效管理不能忘记初衷。企业的绩效管理如果操作不当就会培养出一群只会考核、为考核而考核的主管和员工，那么创造的可能就不是真价值，而是杀鸡取卵、竭泽而渔的假价值，这样就破坏了企业的长期发展。

绩效管理的核心是员工的价值管理

如上所述，价值管理在企业的绩效管理中举足轻重，绩效管理中忽略了价值管理，被考核者就会只考虑短期利益或短期价值而不会关注长期价值和长期利益；价值管理做得不好，被考核者就会只考虑个体利益或个体价值而不重视或顾及整体价值与整体利益。绩效管理做得好的一个很重要的标志就是要让企业的价值最优化。所谓价值最优化，就是要把企业的长期利益、短期利益等因素从各方面综合考虑及平衡。长期的、短期的，哪个更重要？不绝对！长期的是为了美好的明天，短期的是为了活过今天。

每个人都努力创造最优绩效，不等于团队创造了最优绩效；每个团队都创造了最优绩效，不一定有利于整体绩效的最优化；企业自身价值最优化，也有可能客户价值被损坏，进而影响未来价值。绩效管理的核心是员工的价值管理，这个价值一定是基于长期的、未来的、真实的、客观的评价。所以，绩效管理是否最优，其核心是价值是否最优。

价值分配是绩效管理的结果应用

价值分配关乎每个员工，价值分配的核心依据并不是绩效管理中ABCD的考核等级，而是基于企业自身的财务核算，即企业到底有没有赚钱，有没有可以分配的利润。人力资源管理最荒唐的事情莫过于员工个人考核都是"A"，而企业账上没有可以发奖金的利润。

如果有利润，可以发奖金，那么在员工层面如何分呢？这时就需要区分员工的贡献了。如果事先没有一个"合理的"目标值，那么根据什么评价？一般而言，建议使用相对评价的办法来解决。所谓相对评价，就是在同等条件（企业投入的资源）下，看谁的产出更大。

绩效管理不只是绩效目标设置和输出，而是要落实到目标设定、过程辅导、绩效评价和结果反馈四个环节，对四个环节不断强化牵引方向和纠正偏差，从而牵引团队和个体朝着正确的方向迈进，让价值评价的结果体现价值创造的贡献。在日常工作中，如果业务及要求发生变化或牵引方向出现了调整,那么就要对相应的绩效目标进行刷新。

企业当以价值为导向,那些背离了价值的创造、评价、分配的企业,日子都过得举步维艰。

胖东来的日子为何越来越难

曹魏故都许昌有这样一家传奇的卖场,开一家火一家,市民趋之若鹜,电商似乎也无可奈何。它用贴心的服务、明亮的装饰赢得大众的心。在这个实体店凋敝的年代,它像沙漠中的一片绿洲,给各卖场以方向。它就是许昌胖东来。

胖东来是许昌的传奇,几乎每天都会有大批的企业家来胖东来学习。看着胖东来大妈脸上洋溢的笑容,享受着售后小姐的热情服务,这些企业家深信一句话:给员工最高的工资,企业才能达到效益最大化。

然而这些企业家似乎忽略了员工存在的根本与前提,应该先为企业创造最大化的价值,再以所创造的价值为基础进行价值分配。胖东来似乎将员工的价值分配与价值创造倒置了。

事实证明,价值导向倒置了的胖东来如今其实并非安好。2014年9月22日,胖东来许昌劳动店关闭。随后胖东来的关店行动是如此迅速,许昌劳动店只是众多关闭门店的其中之一。

企业为客户价值而存在,员工为企业价值而存在,先有价值的创造,然后才有价值的分配,在对待员工绩效的问题上,企业要么选择结果,要么选择结束。

绩效有兵法：上下同欲、力出一孔

> 我们要力出一孔，力量从一个孔出去才有力度。我们"利出一孔"做得比别人好，但是"力出一孔"做得不好，研发的力量太分散，让竞争对手赶上来了。每个产品线、每个工程师都渴望成功。太多、太小的项目立项，力量一分散就把整架马车拉散了。你们无线产品线要力出一孔，要加强向主航道的投入，提高主航道的能力，在主航道上拉开与竞争对手的差距，要有战略集中度。你们不知道水能切割钢板吧？造船厂很多钢板都是用水切割的，高压的水穿过很细的孔，水的力量是很大的。我们一定会经历一个非常困难的历史时期，大投入的滞后效应一定会使我们经历一段难堪。只要有饭吃就行，有饭吃队伍就存在，没饭吃规模再大也不行。产品线开务虚会的时候需要好好讨论一下。
>
> （资料来源：力出一孔，要集中优势资源投入在主航道上，敢于去争取更大的机会与差距，电邮文号[2011] 39号）

把绩效管理当作经营好坏的一次体检

为什么我们每年都要做体检？很多人说，是为了发现问题、预防风险，为了长寿，准确地说，是为了未来更加健康。

很多人因为关心自己的健康，会很用心地选择去哪里做年度体检，以保证那里有最好的医院、最好的医生、最齐全的检查项目、最新的仪器。如果没检查出身体毛病，可能会庆幸自己很健康，感觉良好，也可能会有点失落，觉得白忙活一场。

如果医生说你的心脏不太好，肝脏、肾脏……全身都有问题，他把大小问题都如实告诉了你，这个医生好不好？不好。因为他没有帮助你认清问题，抓住重点，他没有提供附加价值！尽管他是专家，能看懂全部专业信息，但没有翻译成你能理解、能做决定的关键重点，可能还把你吓坏了！

好医生会说你现在整体状况不好，有很多问题，但重点是你的心脏……他不是把所有信息都丢给你，而是帮助你理解状况，把握关键，引导你找到一条路，朝着健康管理的初衷去处理和改善状况。他还会为你加油打气，激励你积极面对挑战，做你最坚强可靠的战友！

绩效管理也是如此，医生相当于直线主管，病人就是被考核及管理的下属。主管要扮演"好医生"的角色，但往往不知不觉中就成了"坏医生"——盲目追求最精准的诊断，但精准诊断不一定就会让病人更健康，还得看依据诊断结果如何开处方治疗，采取什么具体措施。精准诊断必须被妥当运用，需要结合病人病情的具体情况，还要经营良好的医患关系。

当一个好医生的确很难，而成为一名坏医生的原因自然也不少。绩效管理也是如此，绩效管理失败的原因也是多方面的，有的是战略失误，有的是高层不重视，有的是执行不力，有的是没有企业文化支撑，有的是与企业实际不符……然而，这些原因都是表面的、浅层次的。透过现象看本质，优秀企业的最佳实践表明，绩效管理失败最深层次的原因是，企业的绩效管理没有在企业内部达成上下一致，在思想上没有形成高度的统一与认可，组织绩效与个人绩效出现了脱节，管理者与员工没有形成合力，力没往一处使。

用华为的绩效管理实践来说，就是没有做到"上下同欲、力出一孔"。

上下同欲、力出一孔

如果企业中各个层级管理者上下同欲、力出一孔，则必成大业。企业的人力资源从业人员如能将企业高层、中层、基层各个层级，通过企业的绩效系统层层联动，上下一心，也必将助力企业的业务体系，为企业业务全面赋能，成为企业业务部门真正的伙伴。

"上下同欲者胜"是一句治军谋战的名言，出自军事家孙武的《孙子兵法·谋攻篇》。孙武认为,领兵打仗有五点可以谋得胜算,其中很关键的一点就是部队能做到"上下同欲"。这一观点千百年来得到无数政治家、军事家的认同。

曹操读《孙子》注曰:"君臣同欲。"张预注曰:"百将一心,三军同力。"蔡锷将军说:"军队为之用,全恃万众一心。"实践也一再证明如此,历史上一次又一次兵家决战的胜局无不都是上下同欲、和衷共济、百折不挠、英勇奋战的结果。

"上下同欲"体现的是精神上的趋同,"力出一孔"则反映了行动上的一致。

力出一孔、利出一孔

"力出一孔、利出一孔"出自《管子·国蓄》,后被华为创始人任正非在2013年新春致辞中引用。任正非讲述了"力出一孔、利出一孔"在华为的应用,也体现了此话的另一番境界。任正非说:"水和空气是世界上最温柔的东西,因此人们常常赞美水性、轻风。但大家又都知道,同样是温柔的东西,火箭是空气推动的。火箭燃烧后的高速气体,通过一个叫拉法尔喷管的小孔扩散出来的气流产生巨大的推力,可以把人类推向宇宙。像美人一样的水,一旦在高压下从一个小孔中喷出来,就可以用于切割钢板。可见力出一孔,其威力之大。15万名华为人的能量向一个单孔里去努力,大家的利益都在这个单孔里去获取。如果华为能坚持'力出一孔、利出一孔',下一个倒下的就不会是华为。"

"力出一孔"可理解为,企业的资源是有限的,有限的资源只能做有限的事情,要把所有的资源聚焦在企业的核心孔,即战略上;企业也只有实现了战略上的突破,才能达到企业管理的长治久安。"力出一孔"会让企业具有独一无二的整体力,让企业更加聚焦、简化,并最终制胜。企业也只有具备了上下同欲的活力场,企业的管理团队才会更加素直、毅勇、超越。

华为的另一个重量级人物，时任华为财务总监、任正非之女孟晚舟也反复强调："过去20年，华为员工持股计划为企业创造了强大的生命力，让所有员工深刻意识到，华为的发展与壮大其实也只有一条路，'力出一孔、利出一孔'。"这句孟晚舟反复强调的话，也是华为正在大力推行的管理战略。

企业的管理实践也证明，如果每个企业的管理者都能明白并做到"上下同欲、力出一孔"，企业必将变得更加团结、更加强大，也会越走越远、越飞越高。正所谓"上下同心，其利断金"。

第三章
华为PBC的缘起

我与华为PBC的经历缘于前任老板的一次紧逼。急于改善现有绩效管理现状的前任老板，听从了华为前员工的管理建议，新的华为PBC绩效管理系统在公司得以全面推行。运行了近五年基于KPI的绩效管理系统随之被取代，幸运的是，我没有被取代。

从被动地接受华为PBC绩效管理系统的导入，到认真地学习、了解这个被华为HR视为神器的绩效管理工具，再到实施推行，我慢慢地感受到PBC不同于其他工具的奇妙之处，以及华为运用该工具的伟大之处。

在推行华为PBC绩效管理系统近10年之后，我对"伟大者自有伟大的理由"这句话深信不疑。

不速之客PBC

十年前的某天下午，ZK集团董事长向总、华为原中非地区部负责人陈总、我，三人正在愉快地喝茶、闲聊，不经意就聊到了企业的人力资源管理。

"向总，我们企业现阶段的绩效考核过于呆板，仍以KPI为主导，目前多数人的KPI都是基于自身的岗位出发的，这种KPI没有挑战性，易于实现，不利于企业业务的牵引，也没有顾及企业的战略与目标。企业的战略与目标在绩效管理中通常被称为组织绩效，基于个人岗位的目标被称为个人绩效，组织绩效是牵引个人绩效的。"陈总边泯着茶，边神色认真地说。

"最为明显的就是，KPI考核的个人绩效结果非常好，而组织绩效的结果却很勉强，二者出现了脱节。"陈总的语速开始加快。

"那就换呀。我们企业的绩效考核早变成一种形式了，也该换换了。"向总接过话，"人力资源部被投诉最多的也是绩效考核。"向总毫不掩饰他对企业绩效管理的不满。他说话向来直来直去，人其实挺好的，了解他的人都这么认为，我也这么认为，但此时多少有点不自在。

"这小子，还没到岗一个月就向我开炮？这下倒好，引火上身。"望着这个我费了不少周折才猎过来的空降兵，我心里又好气又好笑。

"杨总工作很认真，也很敬业，不过毕竟没有在华为这样的企业待过，所以需要陈总你带一带呀。"向总目光转向我，他与陈总都注意到了我的囧。

"在华为，我们一直使用的是个人绩效承诺，在内部被称为PBC。PBC可以把我们的组织绩效目标、个人绩效目标很好地串联起来，形成一个整体，避免KPI只考虑或者片面地考虑个人绩效目标的情形。"

"你说的这个PBC靠谱吗？在华为应用的时间长吗？"向总显然来了兴趣。

"从1998年就开始了，十多年了。"

"那这样，陈总，由你牵头，杨总的人力资源部全面配合，在企业全面推行PBC。要搞就搞得有模有样，要有华为的范儿，可不要走样了。"向总把茶杯往桌上重重地放下，语气明显加重。

"杨总，这又是一个绝佳的学习机会，好好学。"向总转而对我认真地说。

"好的，向总。我也相信陈总不会让您失望，我也不会。"我一语双关，快人快语，端起杯子将茶一饮而尽。

喝完茶，一场PBC的学习与实践之旅也就正式开始了。

走近PBC

PBC（Personal Business Commitment）即个人绩效承诺，PBC是基于战略制定的、保障战略执行落地的工具。PBC是IBM创立的、基于战略目标的绩效管理系统，IBM所有员工都要围绕"力争取胜、快速执行、团队精神"的价值观设定各自的个人绩效承诺。

员工在充分理解企业的绩效目标和具体的KPI指标的基础上，在部门主管的指导下制定自己的PBC，并列举为了实现这些绩效目标需要采取的具体行动与措施。PBC的签署相当于员工与企业签订了一个季度或一年期的绩效合同。

以国内PBC应用最为广泛、持久的华为为例，其在不同的时期所使用的PBC，在形式、内容、关注的焦点上均不相同。

早期PBC

早期PBC的核心有三个方面：第一个方面是承诺赢（Win），即通过逐个层级的承诺，确保组织绩效目标的实现；第二个方面是承诺执行（Execute），光有承诺、计划不行，得有详细的执行方案、计划、措施等；第三个方面是承诺团队（Team），完成自己对组织的承诺，光靠一己之力恐怕难以完成，得有团队的支撑与协助，所以需要团队及团队建议，团队意识是承诺兑现的重点与关键。

承诺赢

承诺赢，赢得市场地位，高效率运作，快速做出反应，准确无误执行，发挥团队优势，取得有利形势。这个承诺要求成员抓住任何可以获取成功的机会，以坚强的意志来鼓励自己和团队，并且竭力完成如市场占有率、销售目标等重要的绩效评价指标。每个人都要求自己必须完成承诺，无论遇到多大的困难，都要努力向前，并最终完成。

承诺赢就是对绩效目标与结果承诺：员工承诺本人在考核期内所要达成的绩效目标与结果，以支持部门或所在组织总体目标的实现。

承诺执行

华为PBC总是反复强调三个词，即执行、执行、执行。管理不仅需要计划、目标和承诺，更需要执行。执行是一个过程，它全方位地反映了员工素质的提升、业务流程的改进和执行能力的加强需要无止境地挑战自我，不停歇地修炼和创新管理。

承诺执行就是对执行措施承诺：为达成绩效目标，员工与考核者对完成目标的方法及执行措施达成共识，并将执行措施作为考核的重要部分，以确保目标与结果的最终达成。

承诺团队

华为要求各个不同单位和部门在同一个绩效目标下相互沟通、共同合作。华为采用非常成熟的矩阵式组织结构管理模式，往往一个项目或一项业务会涉及很多部门，需要跨部门的沟通和协作，充分发挥企业的整体优势并充分利用企业资源。同样，如果在业务中遇到了麻烦，员工也能从全球的各个单位和同事那里获得帮助。在企业内部，团队意识是非常重要的，任何人在工作中要随时准备与人沟通、与人合作，必须把团队合作作为思考问题的出发点和工作习惯。

承诺团队就是承诺团队合作：为保证团队整体绩效的达成，更加高效地推进关键措施的执行和目标、结果的达成，被考核者需要对交流、参与、理解和相互支持等团队管理的诸多方面进行承诺。

PBC绩效管理系统要求每名员工在清晰理解企业和部门的绩效目标、清楚自己工作重点的同时，也要知道自己的行动计划，抓住工作重点，发挥团队优势，最后彻底地执行计划。

PBC虽然是通过考核表来体现的，但它有自己的精神和内涵。PBC也不仅仅是一张考核表，一方面它体现了目标和结果、执行、团队，三部分存在一定的严密逻辑关系；另一方面它体现了企业价值观和企业文化，如强调团队合作；同时强调承诺和共同参与的重要性，这体现了绩效管理的核心思想！

PBC的魔力在于通过责任的传导、书面的承诺，在理念上、观念上唤醒并激发管理者、员工作为价值的共同体，上下齐心，共同前行。

尽管PBC于我来说，最初只是一个不速之客，但初步了解、学习之后，却让我充满期待和好奇。

绩效神器PBC

> 我们的考核体系要强调贡献大小，强调效益产出。这个价值不一定是直接的，也可以是间接的，可以是有形的，也可以是无形的。
>
> （资料来源：任正非在部长会议上的讲话纪要，2005年）

契约社会，绩效承诺是员工的安身之本

对企业来说，要履行对股东的承诺；对员工来说，要履行对企业的承诺。PBC是绩效工具，准确地说是组织战略目标的管理工具。企业人力资源从业人员可以通过PBC，自上而下层层分解战略目标，将组织绩效目标落实到业务单元，再落实到个人，保证了业务的落地。

绩效承诺，换句话说，就是员工和主管形成的绩效契约认可。员工接受目标之后做出的绩效承诺，一般而言会分为两个层次：理性承诺和情感承诺。

理性承诺是"一分钱一分力"的经济交易型承诺，情感承诺是"两肋插刀"的关系型承诺。理性承诺是基础，理性承诺升华之后就是情感承诺，情感承诺能激发员工，让员工挑战卓越绩效。

员工做出个人绩效承诺，接受目标，作为绩效契约的另一方——主管也必须做出承诺（更多是隐形的），这种承诺就是创造能提高绩效的环境和氛

围,包括客观评价、支持帮助、认可反馈、帮助发展等。例如,主管澄清目标和纠偏、协调资源、反馈进展等,做到"事成";再进一步,主管给予学习发展机会,认可、辅导、帮助成长等,塑造有凝聚力、归属感的环境,做到"人爽"。事成、人爽是绩效管理的一种良性循环,员工与主管之间达到了相互促进、相互提升。

PBC为什么重要

好的PBC可以帮助管理者和员工明确目标和努力的方向,避免事倍功半,管理者和员工也可以在绩效评价标准上达成一致。

对于人力资源从业人员来说,绩效管理的难,一方面体现在获得管理者与员工的认同难,另一方面体现在在拟定具体的绩效考核方案与绩效管理举措过程中,面对众多的绩效管理工具与企业现实的绩效管理应用窘境,取舍难。

没有对比,就没有伤害

PBC之所以被称为绩效管理神器,是与众多绩效管理工具做比较后得出的。企业应用的绩效管理工具林林总总,主流工具达十多种。比较常见的有目标管理(Management by Objects,MBO)、360度考核(Performance Intercross Valuation,又称交叉考核)、关键绩效指标(Key Performance Indicators,KPI)、经济增加值(Economic Value Added,EVA)、平衡计分卡(Balance Score Card,BSC)、目标与关键结果(Object Key Results,OKR)六个。下面一一简要说明。

MBO

MBO就是目标管理,在没有系统的绩效管理工具之前,企业应用较多的绩效管理工具就是MBO,它简单而实用。时至今日,MBO已经不再作为一个独立的绩效管理工具存在，而是广泛地应用、渗透于其他的绩效管理工具中。从根本上说，绩效管理的核心其实就是管理企业经营目标，即目标管理。所以，也可以认为MBO其实是所有绩效管理工具的源头。

360度考核

360度考核在我国应用广泛，但好评寥寥。360度考核的成败其实并不取决于工具本身。360度考核在职业化程度高的国家和地区的应用其实是挺不错的，也较好地解决了单一考核的以偏概全。但是，在国内职业化体系建设仍难健全的大环境下，对那些职业化程度不高、仍坚持中国式管理的管理者来说，一方面不想得罪人，另一方面又想将360度考核应用得好，令各方满意的话就很难。基于此，360度考核在整体绩效管理体系中的权重占比越少越好，可以作为其他主导的绩效管理工具的辅助工具或补充。

KPI

KPI其实抓住了管理的核心，是一个行之有效的绩效管理工具，结果导向、目标为王。在经营乏力的企业经营或经济下行的大环境下，KPI不失为一个提升企业业绩、鞭策员工的好工具。但在互联网的应用环境下，在快速致富的经营氛围中，部分企业经营者急功近利，盲目强调KPI导向，甚至倡导KPI文化，以KPI为中心，强调员工适应KPI者则"生"，挡之者则"死"。总之，KPI之于企业是一柄双刃剑，让广大员工又恨又爱。恨之者，每天压力巨大，轻松不再；爱之者，目标明确，不废话，有奔头。

BSC

BSC这个舶来品一来到国内，就被一干企业主、咨询顾问大肆吹捧。有的企业连战略地图都没有搞清楚，战略分解也勉为其难，就开始大力推行BSC。连计划的执行都大打折扣，定期的战略调整与分析都难以应付的小微企业，也大上快上BSC了。当询问BSC几个维度如何分解，战略如何落地，投资回报率（Return On Investment，ROI）为何物时，小微企业人力资源从业人员大都会一脸茫然，但他们仍对BSC大抱希望。其实，没有一定的企业规模，没有一定的人力资源团队，没有企业战略良好的执行与反馈，BSC这种强调系统化、规模化的绩效管理工具最好不要盲目追随。

EVA

EVA的原理与背后逻辑并不复杂，就是由单纯地对财务指标的考核转向对股东价值的考核，简单地说，就是重点考核收入、利润，股东的所有者权益是否真正最大化，其中既包括价值，也包括投资回报。当然，EVA系统的背后是复杂且工作量超大的数据、报表、分析等。如果企业没有强大的IT支撑体系和财务核算体系，员工人数也较少，那么最好还是放弃。

OKR

从理论上看，OKR是KPI、MBO、PBC三者完美的结合。虽然OKR与KPI、MBO、PBC在管理维度、流程与原则上有诸多相同点，但在目标拟定中，OKR不是传统意义的自上而下，而是自下而上。OKR要求考核者在每个季度开始之前想一想，从提升的角度，哪些事情是值得做的，哪些事情是想做的，然后取这二者的交集，再列举若干有一定把握能达成目标的手段。OKR的目标是由员工自己定的，这在一般的企业恐怕做不到，也只有像谷歌、英特尔这种企业才会真刀真枪地试一试，国内真正按OKR初衷运行的企业寥寥无几。"没有金刚钻，别揽瓷器活。"高科技企业、真正的互联网企业或许可以一试OKR。值得注意的是，OKR的最终结果其实不是越高越好，60%、70%的达成率是最理想的。这一点对于传统企业的绩效管理者来说，好像更加难以接受。

综上所述，相较于MBO，PBC更加严谨、系统，且落地有声；相较于KPI，PBC更加侧重于过程，即执行方案与行动步骤，而不是一味结果导向，除了绩效目标，还要求团队承诺、能力提升等；相较于BSC，PBC更加聚焦，只关注组织的绩效目标，并且这个目标是基于组织战略的，没有像BSC那样关注其他三个维度的平衡；相较于EAV，PBC对于财务系统的要求相对弱些，而且可以更加快速地反映财务指标的完成，非常直接；就像弹性工作制在IBM、微软等外企通行，到了中国则难以推广一样，相较于OKR这类相对宽松的绩效管理系统，PBC更加正式、严肃。

所以，PBC是当前众多绩效管理工具中较为优秀或更为优秀的，之所以说PBC更优，是从PBC的普适性、广泛性、实用性角度出发的，PBC更适合当前我国企业的管理实情。

合适的，才是最好的。

华为PBC

> 华为的胜利是人力资源政策的胜利，在执行中你们起了重大的作用。
>
> 改革，改什么？改利益分配。这是个矛盾尖锐、错综复杂的领域，必须有一个坚强的领导核心，有一支团结一致、有力推动的队伍，你们是这股力量的中坚。改革会触动每个人，对你们没有意见才是不正常的。我们在全球有18万名员工，分布在170个国家和地区，文化和经济跨度差别如此之大，还有繁多的工种，不同责任的差别。我们的人力资源系统在如此复杂的条件下实现了管理平衡。工资、奖金能及时发出去，还没有天大的矛盾，这奠定了企业发展的坚实基础。企业创立30年来，人力资源政策充分激活了个人和组织，支撑了业务领域的快速发展。人力资源政策建立了分配文化，世界上最难的一件事情是分钱，今天华为的工资、奖金等都能及时分配出去，这其中有你们的贡献。
>
> （资料来源：任正非与CHR部分员工晚餐会的讲话，电邮[2017]037号）

第三章　华为PBC的缘起

华为精神领袖任正非充分肯定了华为的胜利是企业人力资源的胜利。

华为人力资源的胜利得益于华为PBC的胜利。

基于三支柱的人力资源管理体系、基于PBC的绩效管理体系、基于员工成长与干部管理的任职资格管理体系是公认的华为人力资源管理三大法宝。基于PBC的绩效管理体系在华为最重要的贡献就是从根本上解决了价值的评价和分配问题，而价值的创造、评价、分配是华为整个人力资源体系核心中的核心。

华为基于PBC的绩效管理体系始于1998年，成型于2000年，当时沿用的是IBM的PBC-WET（Win、Execute、Team）模板。到了2009年，华为根据业务的发展规模及人力资源专家的建议，对当时的PBC进行了管理优化和变革，PBC-WET模板也被调整为业务目标、组织与人员管理、个人发展计划三个部分，考核的周期和绩效等级设定也发生了相应的变化。从承载绩效管理的PBC-WET模板来看，对业务的目标管理没有变化，新增了组织与人员管理和个人发展计划，强化了对组织能力和员工发展的牵引。绩效管理的目的从简单的落地战略，转向了组织和个人成长并重，更加关注激发团队和个人。

华为基于PBC的绩效管理目标是："引导并激励员工贡献于组织的战略目标，同时实现组织和个人的共同成长，它不只是绩效考核，更是一个系统的管理过程。"

从前文提到的华为早期对于绩效的定义描述可以看出，华为整体的绩效管理是基于岗位职责的、责任结果导向的。

何谓岗位职责

岗位职责是指岗位的工作内容以及应当承担的责任范围。在绩效管理中，不同岗位有不同的绩效要求，清晰的岗位职责是实施绩效管理的基本前提之一。

清楚了岗位职责和绩效的关系，就会明白绩效不仅是KPI或PBC的结果，也是岗位职责的重要组成部分。岗位职责包含以下几个关键点：

- 我是谁？在组织定位和流程中扮演的角色。
- 做什么？工作范围、对象、流程，从事的任务和活动。
- 担什么责？必须取得的成果的关键领域。
- 有什么能力要求？从事该岗位需要的知识、技能和经验。

岗位职责不管是显性的，还是隐性的，主管和员工对岗位职责形成相对一致的理解是必须的，这是评价什么和如何评价的基础。绩效目标通常只是承载了岗位职责在当前绩效周期中最重要的目标和成果要求，绩效产出还包括岗位职责内的一些日常例行工作、额外贡献等。

何谓责任结果导向

第一，基于岗位职责的全面绩效评价，不仅有KPI、PBC目标，还包括在工作责任范围内，员工要对责任、结果负责。

第二，用最终的结果来评价绩效。

（1）看个人PBC目标完成情况（当前绩效周期重点工作成果），个人对团队目标的贡献是什么。

（2）基于岗位职责的有效结果，不在KPI和PBC目标中的，只要做出了贡献也要算，该做而没有做的工作也要担责。

（3）要从对客户创造最终价值的角度来全面审视，保证所有的工作对准客户有价值，同时避免像铁路警察那样各管一段，局部最优会导致全局客户价值的减少。在整个绩效评价过程中，都是看"功劳"而不是看"苦劳"。在集体评议的各个环节要落地团队评价导向（评责任结果、评贡献、评绩效事实），不评过程和表面事件、现象。

PBC规则

每个员工都要在年初制定自己的PBC，并列举出在来年中为了实现绩效完成、执行力度和团队精神三个方面的目标所需要采取的行动，相当于立下了一个一年期的"军令状"。

制定PBC时，需要员工与其主管共同进行商讨，这样可以使个人计划与整个部门计划相融合，以保证其切实可行。

PBC的考察主要从绩效完成情况、执行力度和团队精神三个方面进行，每个季度主管会协助员工对PBC的完成情况进行考察，到了年末主管会给下属的PBC打分，下属也会对主管的PBC打分。

要想在PBC上取得高分，就必须确实了解自己部门的运作目标，掌握工作重点，发挥最佳团队精神并彻底执行。

每名员工工资的涨幅都会以PBC的实现情况为关键的参考指标。

制定PBC是谁的责任

设定PBC目标的过程一定是管理者和员工双方共同参与来完成的，通过共同参与制定，帮助员工理解其工作职责和相对的工作任务优先级，同时清楚地沟通管理者所期望的结果或目标。

PBC要考虑哪些要素

（1）部门（含跨部门）的总目标，体现出该职位对部门的总体目标贡献。

（2）客户需求（业务流程的终极目标），体现出对流程终点的贡献。

（3）职位与角色的应负责任和衡量标准。

PBC与个人收入的关系

基于PBC的绩效工资制度一般会采用浮动工资，一切以员工的绩效为准,而不论员工的忠诚度或资历如何。这种绩效工资制的最大特点就是差别化,完全根据市场的变化与员工各自的工作绩效而确定,以绩效和个人贡献为基础,员工得到的奖金也是灵活而非固定的。与之相适应,企业将贡献作为激励员工的重要手段。

介绍华为PBC的缘由

国内其实有不少企业实施并应用了基于PBC的绩效管理体系,海尔、中国移动、华为等企业的PBC使用,媒体多有报道。之所以重点介绍华为,源于我与华为的多次结缘,源于我对华为的了解,更源于我使用华为PBC绩效管理体系之后的收获与惊喜。

第一次结缘。2002年我在远大科技集团(时称远大空调有限公司)工作期间,曾作为重要客户被特邀至华为考察参观。正如很多客户来到远大城感到的震惊一样,我到华为之后,也被华为公司高素质、严谨的接待震惊了,不是因为华为的企业规模,而是因为华为人的素质与素养,那种职业化程度,时至今日,我仍在其他企业难觅踪迹。

华为人那种对待细节的认真与专注,在职场上是可遇而不可求的。

第二次结缘。大约是十年之后,2012年因为工作原因我组织了一场大型专场猎聘活动,80多名华为前员工被吸引到了猎头公司安排的面试现场,通过反复沟通、了解、面试,最后录用了差不多30名人员,这30名华为前员工到岗后被分到国内、外的各个片区,在公司的不同时期均贡献了宝贵的绩效收入与管理财富。

我可以称得上是华为人之外相对较多地了解华为人、华为的人。华为的任职资格体系与PBC绩效管理体系在我工作及曾经工作的企业,至今仍在被借鉴并广泛地使用着。

重点介绍华为,还有一个原因是对华为这类民族自主品牌企业的尊敬与叹服。工业永远是一个国家的脊梁，没有工业，再强大的第三产业也只是空中楼阁，缺少根基而无法壮大。

工业强国。华为是现代工业的代表与标杆，我一直尊敬民族自主工业的推行者、开拓者，它们是中华民族前行的核心力量。学习、借鉴、探索华为等民族工业企业的成长之路，让更多的企业加入我国工业现代化的改革大军，更快地成长，尽可能地缩短与西方的差距，也是我编写本书的另一个小小目的和心愿。

推广宣传华为，向华为学习，学习华为好的工具、好的管理方法，共同进步、共同成长！

学习是最好的成长，尤其是向标杆学习，这种成长会更快、更直接！

契约重于PBC考核

一个重契约的社会是文明的社会，一个重契约的企业是诚信的企业。契约是任何形式的合作所必备的基本纽带，也是基础，离开了这个基础的合作将不再有效，也不会长久，即使合作给了彼此最大的实惠和收益。一个重契约的员工或管理者在企业中也会是一名担当者、责任者，日后也必将成为企业的担重任者。

企业要承诺员工：物质优越、工作体面；员工要承诺企业：奋斗创造、全力履职。言必行、行必达、达必果、果必丰，员工与企业各得其所，齐步发展。

员工G是某BG质量部的主管，产品质量是部门的"自尊心"。作为平台支撑部门，在给内部客户提供解决方案时，他们常常会碰到产品质量不符合客户期望的问题，但PBC中已经做了承诺，这时该怎么办呢？

在这种情况下，契约精神就促使他们更关注产品质量，而不是一时的

第四章
PBC印象

PBC是华为最成功的人力资源管理工具之一，华为人力资源的成功也证实了PBC的成功。

PBC是一个基于赢的绩效管理系统，完全符合企业存在的价值导向，企业为利而生，PBC赢的导向可以确保企业在激烈竞争的市场中胜出。

承诺必胜是管理者存在的价值与理由。责任结果是PBC的评价基础，也是赢的基础。

价值创造、价值评价、价值分配被称为价值管理的"铁三角"，它几乎是华为人力资源管理的全部，在这个铁三角中，价值评价承上启下，至关重要，而PBC直接主导价值评价。

PBC，一个追求赢的系统

> 我们坚定不移地推行绩效改进的考评体系，坚决实行减人增效涨工资的政策。随着我们的发展，工作总量越来越大，但人员的增长要低于产值与利润的增长。每一道工序，每一个流程，都要在努力提高质量的前提下，提高效益，否则难以维持现行工资不下降。
>
> 我们要尊重那些踏踏实实、认真努力、恪守职责，并不断改进自己工作的老员工，要给予他们多一些的培训机会。他们是我们事业的基础。要帮助他们进行工作适应性调整，使他们在合乎自己能力的岗位上发挥作用，通过不断改进本职工作来提升自己的待遇。要干一行，爱一行，专一行。
>
> 对于一些具体的操作岗位，绩效改进经过一段时间后，改进会越来越困难，如财务的账务系统、生产的一些流程……那么我们就推行岗位职责工资制。定岗、定员、定待遇。根据他们的责任心、负责精神、服务意识晋升。
>
> （资料来源：小改进、大奖励，任正非在华为品管圈活动成果汇报暨颁奖会上的讲话，2017年）

赢是IBM的核心理念，也是PBC的核心。走进IBM的办公室，你会赫然发现桌上所有电话机的待机屏幕都是由WIN三个字母组成的，充分反映了IBM"赢"的文化无处不在。

管理者是企业组织目标的化身，通过绩效系统把组织的绩效目标转化为员工的个人绩效目标。在PBC中，个人的绩效承诺是个人绩效的基础，绩效承诺也是绩效目标，绩效承诺基于员工的岗位职责与岗位需要。

华为PBC早期的WET模板完整地体现了赢的理念。WET模板由Win、Execute、Team三个部分组成，这三个部分代表三个承诺：赢的承诺，执行的承诺，团队的承诺。

首先，赢的承诺，即结果目标承诺，承诺做什么，做到什么程度。员工承诺在考核期内所要达成的绩效结果目标，以支持部门或所在项目组目标的实现。

其次，执行的承诺，如何做。为达成绩效目标，员工与考核者对完成目标的方法及执行措施达成共识，并将执行措施作为考核的重要部分，以确保结果目标的最终达成。

最后，团队的承诺，配合谁，需要谁的支持。为保证团队整体绩效的达成，更加高效地推进关键措施的执行和结果目标的达成，员工需要就团队的交流、参与、理解和相互支持等方面进行承诺。

这是关于PBC的整体描述，也是PBC管理的核心与精髓。华为PBC早期的WET模板如表4-1所示。

第四章 PBC印象

表4-1 华为PBC早期的WET模板

<table>
<tr><td rowspan="2">PL-PBC</td><td>姓名</td><td>×××</td><td>承诺日期</td><td rowspan="2">××××年××月××日</td></tr>
<tr><td>工号</td><td>××××××</td></tr>
<tr><td></td><td>职位</td><td>PL</td><td></td><td></td></tr>
<tr><td></td><td>评估期</td><td colspan="2">××××年××月01日—××××年××月31日</td><td>最终PBC得分</td></tr>
</table>

承诺栏

指标分类	总体权重	目标名称	权重	衡量标准（遵循SMART原则）	结果（关键事件）	评分
赢的承诺	60%	进度偏差率	25%	1. ×× 按计划 × 月 × 日完成 TR5′ 2. ×× 按计划 × 月 × 日基本完成联调，为 × 月 × 日 TR4 做好准备		
		质量目标执行得分	25%	1. ×× 达到 TR5′ 质量目标（包括 ×× 移动特性小项目过程质量目标，遗留问题解决率等） 2. ×× 性能测试达到目标水平 3. 版本转测试无重大质量事故导致的版本被打回或版本测试中需要打补丁的情况 4. ×× 达成 SD、Coding 和 UT、ST 各阶段的质量目标 5. 代码飞检无问题		
		研发过程符合度	15%	1. NC 解决周期 <5 天 2. 研发过程审计无严重问题		
		V1R3 需求和技术分析	15%	1. ×× 需求收集的及时性、完整性和质量 2. 按计划、按质量完成 ×× 特性的系统分析		
		市场支持	20%	1. 保证 ×× 移动设备测试部分达到预定测试效果 2. TMIL/T-COM 开局测试 3. A 国 ×× 项目测试支持 4. FT 市场答标、客户参观等支持工作		

（续表）

指标分类	总体权重	目标名称	权重	衡量标准（遵循SMART原则）	结果（关键事件）	评分
执行的承诺	20%	例会和沟通制度	30%	1. 按时参加产品例会，产品例会出勤率达到90%以上 2. 每周定期召集产品例会并及时传达产品例会的精神及工作安排		
		问题跟踪	20%	对安排的任务注意及时跟踪完成，并及时予以反馈		
		团队建设活动	30%	1. 组织团队氛围建设活动 2. 安排好人员培养的工作及内部培训交流工作		
		信息安全宣传和防范工作	20%	主动做好信息安全宣传及内部信息安全防范工作		
合计						
团队的承诺	20%	周边配合	15%	积极主动做好与周边产品、周边部门的配合工作，站在大局角度去思考问题		
		与VPP组件的配合	20%	1. 及时进行需求和计划的沟通 2. 相互体谅，积极组织集体活动，使周边人员之间关系更为融洽，配合更为默契		
		合作性投诉	15%	无相关项目组/部门关于合作性方面的投诉		
		团队建设	25%	1. 无违规违纪事件（尤其最近强调的考勤纪律） 2. 无骨干员工离职 3. 新员工培养满意度90% 4. 完成社会招聘推荐指标：每5人月成功推荐1人 5. 季度考评沟通无"不满意"和"不接受"		
		信息安全	25%	无信息安全违规事件发生（含部门内部抽查和外部抽查）		
合计						

（续表）

指标分类	总体权重	目标名称	权重	衡量标准（遵循 SMART 原则）	结果（关键事件）	评分
合计						
项目组重点工作1		管理工作		加强团队建设，尤其是能力建设、作风建设。提升项目成员的业务技能和工作效率，提高项目成员的职业素质		
项目组重点工作2		性能整改和代码规范整改工作		性能方面必须达到小规模商用的最低要求。在代码规范整改方面，在按第一阶段整改完成整改后，要定期组织复查，特别是在审单环节控制好个人代码整改的质量，并以此为手段，推动项目组整体职业化、专业化及能力提升		
					得分	
					加减分	
					总分	

注：PL，Project Leader，项目组长。

PBC实施的"四步曲"

在通常情况下，PBC的实施会从目标拟定、辅导沟通、考核评价、结果反馈四个关键节点重点推进，我们称为PBC实施的"四步曲"（见图4-1）。

```
目标拟定
  ├─ 明确岗位职责
  ├─ 制订个人工作计划
  └─ 制定个人目标

辅导沟通
  ├─ 日常绩效辅导沟通
  ├─ 激励改进，帮助成长
  └─ 绩效目标调整

考核评价
  ├─ 年度考核
  └─ 考核结果讨论

结果反馈
  ├─ 将考核结果反馈给员工本人
  ├─ 发扬成绩，总结不足，寻找解决办法
  └─ 年终奖励
       ├─ 年度奖金
       ├─ 晋升工资
       ├─ 晋升级别
       └─ 特别奖金
```

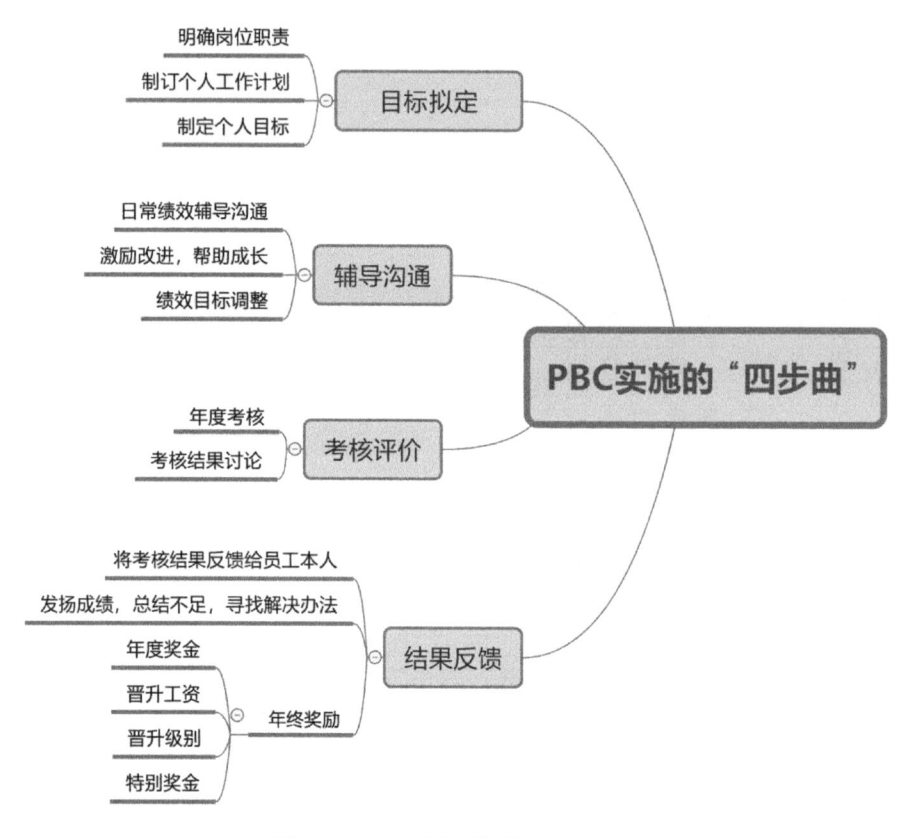

图4-1　PBC实施的"四步曲"

人力资源从业人员实施PBC前须明确被考核者的岗位职责，根据组织绩效目标分解到个人，拟订被考核者的个人工作计划、发展计划，形成PBC，这是绩效目标的拟定过程；在绩效执行的过程中，管理者要对被考核者进行绩效的详细辅导与沟通；在考核周期到来之时，管理者会对被考核者进行定期的考核与评价；经过综合评议会将考核结果反馈给被考核者。这里的综合评议常常包括周边绩效评价和集体评议。

第一步：目标拟定

明确岗位职责

在PBC实施的前期，主管在人力资源部配合下，与员工就其岗位职责进行充分沟通和讨论，在取得共识后，明确主要绩效指标、能力指标、态度指标、考核标准和考核方法，交人力资源部备案，作为本年度PBC考核的依据。

制订个人工作计划

员工依据当年的岗位职责和工作绩效指标，在部门年度计划的指导下，确定自己的年度、季度、月度工作计划。

主管对员工的个人工作计划进行审查，根据部门工作计划对员工的个人工作计划进行必要的调整。

主管与员工对工作计划进行详细讨论，充分交流意见，工作计划最终需双方共同确认。

制定个人目标

在PBC的编制中，主管需要结合上一年度员工绩效考核的结果及本年度员工的个人工作计划，综合考虑员工在工作能力和工作态度方面需要改进的方面；针对需要改进的方面，确定员工的本年度发展目标；明确达到发展目标所需资源和相关条件。

与其他绩效管理工具要求不同的是，PBC要求员工在个人目标中列出员工本年度个人发展计划，如参加培训、学习等。

第二步：辅导沟通

主管与员工日常的绩效辅导沟通，是绩效管理者定期必须做的，也极富挑战性，尤其当员工绩效评价结果不好的时候。绩效沟通的目的不是说服员工接受评价结果并感到满意，而是为了激励改进，帮助成长。员工非常关心为什么得到这个评价结果，以及如何改进，以避免下次类似的绩效结果。从某种程度上说，绩效辅导的意义要大于绩效沟通。

第三步：考核评价

主管应将PBC的评价结果上报人力资源部，作为年中及年末绩效考核的依据之一，包括员工计划的完成情况，工作中存在的问题和困难，员工应采取哪些实际行动，需要什么条件等，以便员工改进。

年度考核

年度考核包括能力考核、态度考核和工作绩效考核三个方面，对于业务部门和非业务部门来说，三个方面的权重各不相同。考核结果将作为确定员工本年度的奖金、年度岗位工资调整和岗位晋级的依据。

考核结果讨论

绩效考核讨论会主要用于主管与员工共同讨论在全年工作中取得的进步和需要改进的方面，讨论的重点是员工对考核结果持有异议的地方，并共同对今后如何改进绩效达成共识。主要内容包括：员工对年度工作表现的自我总结；主管对员工全年工作进行评价；主管就评价结果与员工进行沟通；主管辅导员工确定下一年度的工作和个人发展目标并确认。

第四步：结果反馈

对于PBC的月度考评，主管应随时将考核结果反馈给员工本人，并帮助员工发扬成绩，总结不足，寻找解决办法。对于季度及年度考评，主管应在考评完成的一定期限内将考核结果反馈给员工本人，征求员工意见。员工有权力对考核结果提出自己的意见。

年终奖励

PBC年度考评完成后，主管要对员工实行年终奖励。奖励分为年度奖金、晋升工资、晋升级别和特别奖金等多种方式。

- 按照每个员工的考核结果，计算和发放季度或年度奖金；
- 根据绩效考核委员会的意见，确定员工是否调整岗位工资和岗位级别；
- 对于有突出表现的员工，可以发放特别奖金。

PBC目标管理五项原则

"很多企业的绩效管理面临这样一个问题：企业经营业绩不好，但是部门考核得分很高。老板最终发愁了，绩效奖金还发吗？利润没有上升，却还要支出更多的激励成本？"在一次PBC的启动会议结束之后，陈总一进入我的房间就直接问。自从启用了PBC系统之后，我与陈总的沟通多了起来。

"我们企业从去年年底开始，就已经实行了绩效考核。我们本着客观、真实、数据化为统计的原则制定KPI考核指标并实施绩效考核。去年，企业的经营效益并不是特别好，统计了近一年来的绩效考核结果，我们发现有些部门的考核结果几乎全部是满分。审查KPI考核指标发现，KPI考核指标也都是按照工作中的要求去制定的，是工作中必须完成的各项内容。所以，人力资源人员很困惑，到底是哪里出了问题？我又如何去解决？"我没有回答陈总的问题，而是利用这个机会抛出上述一连串的问题，希望借此向陈总多多请教。

"不是你们的KPI考核指标脱离了工作实际，而是你们之前的绩效管理并没有真正地执行绩效管理的五项基本原则。脱离了这些原则，绩效管理的可操作性就会极差。"陈总翻着我桌上的企业内刊，不经意地说。

大家都知道管理大师彼得·德鲁克关于管理很经典的一句话"管理一定要量化",并将其作为日常管理的座右铭。但是,许多人只记住了大师所说的前半句,却忘了后半句"能量化的尽量量化,不能量化的就尽可能细化"。

按职能模块划分,有的企业设置职能管理部门、事业部、分公司、营销类子公司、工厂。就考核的难度而言,事业部、营销类子公司、分公司、工厂的考核相对容易,因为有业务数据支撑,易统计。而对职能管理部门来说,指标的量化并非易事。这时候,就应当遵照"能量化的尽量量化,不能量化的就尽可能细化"原则,尽可能细化管理指标。对于部分关键指标项,增加细节化的过程性描述。对于难以量化的指标而言,如果缺少了细节化的过程描述,将使制订计划者没有明确的工作目标与方向,工作的推进也难按部就班,考核环节的评价也难以客观、精准。

PBC作为一个承诺系统、一个契约系统,企业战略是否落地和组织目标是否准确会直接影响PBC绩效管理体系的严肃性、可持续性,与其他绩效工具一样,PBC的目标管理仍须遵守五项基本的管理原则,即SMART原则。

- 目标是明确的、具体的(Specific)。
- 目标的实现程度是可以被衡量的(Measurable)。
- 目标的设立是基于客观事实的,目标是可实现的(Attainable)。
- 目标的设立是基于组织的战略的,与组织战略是相关的(Relevant)。
- 目标的实现在一定的时间范围限制之内,是有时间限定的(Timed)。

S——明确性

明确性是指要用具体的语言清楚地说明要达成的行为标准。明确的目标几乎是所有成功团队的一致特点。很多团队不成功就是因为目标设定得模棱两可,或者没有将目标有效地传达给相关成员。

M——可衡量性

可衡量性是指目标应该是明确的，可以衡量和量化的，而不是模糊的，应该有一组具体、翔实的数据，作为衡量目标是否达成的依据与标准。

考核的标准一定要客观，量化是最客观的表述方式。很多时候企业的绩效管理不能推行到位，走过场，都是因为标准太模糊、要求不量化所致。

A——可实现性

目标是可以让执行人实现、达到的，如果主管利用一些行政手段，利用权力一厢情愿地把自己制定的目标强压给员工，员工会有一种心理和行为上的抗拒："我可以接受，但最终是否完成这个目标，我没有确切的把握。"一旦某天目标真完成不了，员工会有一百个理由推卸责任："你看我早就说了，这个目标肯定完成不了，但你坚持要压给我。"

R——相关性

相关性是指此目标与其他目标的关联情况。如果实现了这个目标，但与其他目标完全不相关，或者相关程度很低，那么这个目标即使实现了，意义也不是很大。

我们常见的是，个人考核结果很好，而企业或组织的实际绩效不好或者一般，这种情形往往是因为绩效的目标管理不好，指标之间缺少相关性或没有。一些与企业经营目标无关的指标，或者非关键性的绩效指标常常被有意或无意地列入考核指标中。

T——时限性

时限性是指目标是有时间限制的。例如，部门将在月底前完成某事。月底前就是一个确定的时间限制。没有时间限制的目标没有办法考核。上下级对目标轻重缓急的认识程度不同，上司着急，但员工不知道。到头来上司暴跳如雷，员工却觉得委屈。这种没有明确时间限制的方式也会带来考核的不公正，伤害工作关系，伤害员工的工作热情。

SMART原则作为绩效目标管理的基本原则已经成为一种共识。人力资源从业人员不仅要了解，还要在实操中不断强化，这样绩效的目标管理才更加务实、可控、可实现。

我们在对绝大多数绩效管理失败案例的复盘中发现，绩效管理之所以失败都是因为没有很好地遵守SMART原则。另外，在PBC目标制定过程中，还要坚持一致性、均衡性等原则。

与PBC相关的六个重点问题

"杨总，我每次浏览公司内部平台，当看到员工对绩效的疑问与吐槽时，总会有一种想与之理论一番的冲动，他们连基本的逻辑都没弄明白，就对实施的PBC指手画脚。"新来的陈总与我闲聊着。

"华为的心声社区是华为员工一个绝佳的内部沟通平台。我仔细看了一下关于绩效反馈部分的内容，有大部分内容是重合的，HR其实需要给员工做一些普及与释疑。"我附和着。

"有。华为总部人力资源其实早就考虑过这方面，他们针对PBC实施过程的重点问题都进行了专门的解释与说明。杨总，你可以抽空看一下。"陈总说着打开了华为官网。

华为关于PBC的问题与答疑，其中有以下六个问题对PBC的成功实施影响深远。

PBC绩效目标的制定应当由谁参与

PBC绩效目标的制定是由被考核者先撰写初稿，然后提交主管并与主管进行充分交流和沟通，员工根据达成的一致意见修改并再次提交定稿，涉及矩阵管理的相关管理者也应一起参与员工的绩效目标制定。

应当在何时制定PBC绩效目标

通常，收到上级的PBC绩效目标后，员工就可以从如何支撑上级的目标实现这个角度，开始撰写个人的PBC绩效目标初稿，但绩效目标的准备工作可以更早开始着手。直线主管有责任确保每个员工在企业规定的时间内完成目标制定（如上半年绩效目标在6月底前完成）。对于年内分来的新员工或转岗来的员工，应该在到岗后30天内撰写个人的PBC绩效目标初稿。

评价标准是否一定要量化才能保证客观

不一定。奥运会上有些比赛项目，如游泳、篮球等要通过量化的方式决定谁更优秀，但对于跳水、体操等比赛项目，裁判是通过描述选手的表现并打分来代表对选手动作完成质量的判断和评价。可见，客观性和量化程度无太大关系。

员工真正想要知道的是主管对他们工作的看法。他们需要主管的一些主观性信息作为评价："我干得怎么样？有没有注意到我的工作成果还是很不错？你对我的工作满意吗？我在这里会有更好的发展吗？"这些问题的答案都是不能用数字来衡量的。因此，考评不会因为其量化的形式而更加客观。

对从事同样工作的员工，是否可以设定相同的绩效目标

PBC的名字本身就已经表明它是个人的绩效承诺。出现相同的PBC绩效目标只是特例，不是常态。不能忽略员工的个体特殊目标，需要与员工就全部目标进行沟通。

是否等上级主管绩效目标制定之后再要求员工制定绩效目标

主管是否应该等到上级主管的绩效目标传递到手之后,再设定部门目标并要求员工设定他们的绩效目标?

不。主管不必等到绩效目标从上至下传递给员工之后再设定部门目标。只要最终的目标是上下对齐的,这些程序都可以并行。主管可以在上级的目标传递下来之后,再重新审视本部门和部门员工的目标,并做必要的调整,以保证目标的上下一致。同样,主管应该鼓励员工自主设定目标。目标设定既是自上而下的过程,也是自下而上的过程。

组织绩效目标和个人绩效目标的关系如何

组织绩效目标体现一个部门的贡献,个人绩效目标体现个人对组织的贡献。一般而言,对于管理者来说,组织绩效目标的完成情况是其绩效评价的主要因素。对于员工来说,个人绩效目标完成情况是员工绩效评价的主要因素。

组织绩效目标的权重主要考虑员工对组织绩效目标的影响程度,原则上其岗位责任越大,组织绩效目标的权重就越大。在PBC中设置组织绩效目标承诺是为了引导全体员工关注和支撑组织绩效的达成。

第五章
PBC考核表的编制与填写

在绩效管理中，记录员工绩效的考核表始终扮演着重要的角色。绩效考核表是绩效管理过程中主管与员工之间最重要的沟通工具与沟通语言，是绩效管理过程中重要的流转介质与媒介。对于员工来说，考核的结果好不好，以考核表的最终结果说话。

PBC是PBC绩效管理中主要的考核表之一，也是PBC绩效管理中员工人人都应熟练使用的日常工作模板。

PBC考核表的编制流程

PBC考核表的编制流程如图5-1所示。

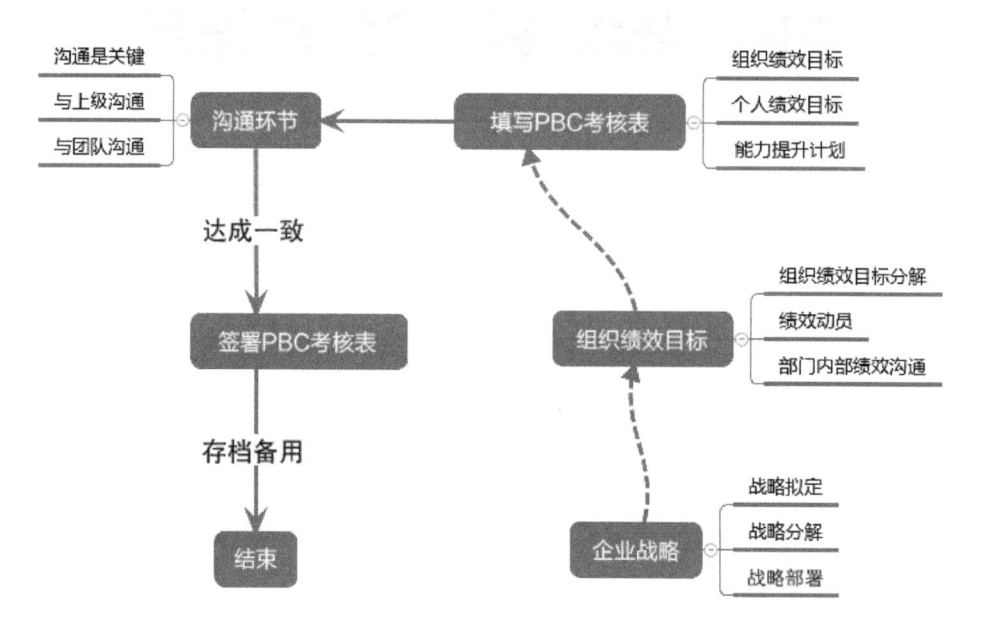

图5-1　PBC考核表的编制流程

PBC考核表的构成

2009年之前，华为PBC考核表完全照搬IBM的WET模板，WET模板以

"赢"为核心，以承诺赢、承诺执行、承诺团队为要点。2009年之后，华为PBC考核表则由组织绩效目标、个人绩效目标、能力提升计划三个主要的部分组成。这看起来好像只是一种形式上的改变，实质却是一种思考方式的改变。这种思考方式是按一层一层递进的逻辑构建的，先考虑团队绩效，再考虑个人绩效。团队绩效由团队成员的个人绩效组成，为实现或提升个人绩效，个人需要成长及能力提升。通过基于PBC的绩效管理可以帮助管理者梳理思路，聚焦重点，把有限的精力和时间放在最重要的事情上，不做没有意义的管理消耗。

本章重点讲解由组织绩效目标、个人绩效目标、能力提升计划三大部分组成的PBC考核表。

第一部分是组织绩效目标。对于管理者来说，是指其所负责组织的绩效目标；对于员工来说，是指其所在最小部门或团队的绩效目标。组织绩效目标的制定旨在引导员工关注团队目标。

第二部分是个人绩效目标，包括个人业务目标和人员管理目标（仅限管理者）。个人业务目标是基于个人岗位责任结果所应完成的工作目标。人员管理目标可从支撑组织目标达成角度设置，具体包括组织能力，选、用、留、育及工作氛围提升等方面。

第三部分是能力提升计划，根据目标达成及挑战目标，制订个人能力提升计划。

组织绩效目标

组织绩效目标分为关键指标和关键任务。关键指标是常规性指标，包括营业收入、市场开拓、产品品质、安全管理等指标，体现为结果性指标的分解。关键任务是动态性指标，是对关键指标的补充和完善。

在组织中，没有清晰组织绩效目标的主管不是一个称职的主管。企业是商业化组织，主管在企业的发展和晋升必须有组织绩效支撑，组织绩效应成为主管工作的重点与方向。当主管时刻聚焦组织中最核心的组织绩效目标时，很多工作就会化繁为简，效率提升，工作中也有了选择和取舍。

主管制定组织绩效目标时，需要从以下三个方面思考：

- 业务目标对组织建设、员工管理的要求。

- 优秀的主管应该具备目标承接、团队合作、绩效管理、鼓励创新、发展下属、承认贡献、氛围营造七种管理能力。

- 亟待建立的岗位胜任力体系。

组织绩效目标制定和沟通的过程，实际上也是主管帮助员工不断清晰组织目标、聚焦工作重点的过程，让团队上下同欲、力出一孔的过程。

个人绩效目标

个人绩效目标需要在组织绩效目标分解的基础上，结合年度工作计划、部门职能和岗位职责等，经过上下级的充分沟通来制定。个人绩效目标并非员工的全部工作，而是重点的、方向性的或战略性的工作，主要源于部门目标、岗位职责、岗位工作计划、岗位短板等。

员工制定个人绩效目标时，信息来源包括以下几个方面：

- 参阅上级主管的业务目标部分（来自上级、同事和客户的信息）。

- 参阅相关内部资料，如企业战略发展思路、企业的价值观等。

- 与直线主管沟通自己负责的阶段性重点工作（参照部门阶段性重点工作）。

- 参阅自己的岗位职责说明书。

- 向部门领导申请参阅部门组织绩效指标库。

个人绩效目标的制定实际很简单，即把有限的时间和精力用在最重要的工作上，不要把无意义的消耗当成努力。个人绩效目标强调的是个人而非组织，体现个人对组织的独特贡献。对于主管个人绩效目标中涉及的人员管理目标，体现的是不仅要打仗，还要在实战中练兵学习、培养能力等。

对于员工来说，如果只关心组织绩效目标，跟着"一将功成万骨枯"的主管，就必须有强健的体魄和良好的心态，活下来就赢了，否则就成了"炮灰"；如果目标感不强，天天关注人，跟着"老母鸡"似的主管，短期内员工会很安逸，可长期来看，并没有发展。在一个没有良好组织绩效的企业里，主管没有发展，员工发展自然受到限制。2009年之后，华为PBC考核表的结构设计，让主管不仅要聚焦组织绩效目标，还要构筑能力发展团队，强调组织和个人共同成长。

能力提升计划

绩效目标的最终落地需要个人的专业能力来支撑。能力提升计划是为达成绩效目标所必备的能力需求。当员工觉得很舒适，没有什么需要提升的能力的时候，即俗话所说"下坡路最省力"，可能就表明员工已经真的在走下坡路了。员工如果借助PBC考核表中的能力提升计划，梳理和思考能力短板，和主管互动，不断地提升和验证个人的认知，制订有针对性的能力提升计划，支撑自己未来的长远发展，那么这将是一次良好的职场进阶、能力提升机会。

员工应在管理者或直线主管的协助下制订能力提升计划。能力提升目标可以设置2~4个。

能力提升计划尽量明确、具体，贵在坚持。例如，为提升某某能力，每周输出总结回顾记录，每天看10页某某方面的书。每天看10页书听起来太容易了，但只要坚持了，一年就可以看大约12本书。

PBC考核表应明确的内容

首先，澄清职责和期望。澄清员工的岗位职责和具体分工，明确对员工的总体期望。

其次，分解目标并对齐。根据部门整体目标及员工岗位职责，确定员工在该绩效管理周期的工作重点，确保目标上下对齐，周边协同对齐。

最后，达成一致并签署PBC考核表。与员工就绩效目标达成共识后签署PBC考核表。

PBC考核表签署步骤

第一步：主管发送自己的绩效目标给员工，供其参考，并向其提出关键目标和期望。

第二步：校对、确认员工完成的绩效目标初稿。

第三步：督促员工根据绩效目标初稿的沟通情况，调整、完善并形成终稿，最后签字确认，对其进行制定业务目标、人员管理目标、能力提升目标的辅导。

PBC考核表填写说明

下面以华为PBC考核表为例，讲述详细的填写方法与注意事项。

第一部分：组织绩效目标

我们大多数时候提到的绩效其实特指个人绩效。一般的管理者与普通员工所关心的更多的还是个人绩效。但对于一个组织来说，个人绩效其实并不是组织的最终诉求。任何一个企业、任何一个组织，真正追求的是组织绩效。

什么是组织绩效？波士顿咨询公司给出的定义是，组织绩效是指一个组织在特定的时间和环境下，为满足利益相关者的期望而达成的既定组织目标的结果。组织绩效关注的重点是结果，而不是行为，对组织来说，只有结果，没有行为。

然而，组织绩效并不能凭空产生，它是通过组织全体员工的个人绩效才得以落实与体现的。需要注意的是，组织绩效不是组织内员工的个人绩效的简单相加。

组织绩效目标填写的主要内容如表5-1所示。

表5-1 组织绩效目标填写的主要内容

第一部分：组织绩效目标

【说明】

1．组织绩效目标是指员工所在部门的绩效目标，员工所在部门是指有清晰组织绩效目标的最小部门。

2．牵引员工关注所在部门整体绩效目标，促进组织绩效目标的达成。

分类	序号	考核指标	权重	半年目标/全年目标			达标值同比增长率	实际完成结果	得分
				底线值（60）	达标值（100）	挑战值（120）			

组织绩效目标得分：

（资料来源：华为官网）

【填写说明】

（1）主要以KPI形式表现。管理者组织绩效目标是指其所负责组织的绩效目标，员工组织绩效目标是指其所在组织的绩效目标。

（2）考核指标设置不宜过多，一般不超过5个。

（3）底线值是指该考核项的最低要求，大多数情况下，低于该目标时，该项目的考核不予计分或减半计分；达标值是指该考核项的标准要求，大多数情况下大于或等于该目标时，该项目满分计分或超额计分；挑战值是指该考核项的期望要求，大于或等于该目标时，该项目超额计分。

第二部分：个人绩效目标

> 我们企业的价值取向是直接责任结果导向，而不是素质导向——在责任结果面前，人人平等。
>
> （资料来源：任正非关于员工技能考试的讲话，2009年）

个人绩效是指员工履行岗位职责或角色要求的有效产出。华为绩效管理是责任结果导向的。

个人绩效目标是员工在其岗位上为支撑企业战略和组织业务目标的实现而设置的个人最重要的工作目标，但非其全部工作。

员工应尽早开始个人绩效目标设置流程，以结果为导向设定目标，设定的目标明确、具体、可衡量并富有挑战性；作为主管，应主动、及时与员工分享自己的绩效目标。

把目标分解到每个员工，让每个员工明确知道自己的目标，并为目标负责。

在个人绩效目标的设定过程中应避免：过晚与员工设定绩效目标；没有在绩效管理周期中持续跟踪员工设定的目标；没有及时调整不再适用的目标。

> 绩效不仅是销售额,还是员工在本岗位担负责任的有效产出和结果。
>
> (资料来源:关于华为干部选拔原则的纪要,2005年)

个人绩效目标填写的主要内容如表5-2所示。

表5-2 个人绩效目标填写的主要内容

第二部分:个人绩效目标

【说明】

1. 承接组织绩效目标,体现岗位应负责任和角色要求,强调员工的工作方向及结果性目标。
2. 聚焦重点,业务目标以3~5个为宜。
3. 个人自评等级包括超出目标(+)、达到目标(=)、低于目标(-)。

分类	序号	个人绩效目标	完成时间	衡量标准	辅助部门	目标完成情况	个人自评等级

(资料来源:华为官网)

【填写说明】

(1)强调个人绩效目标而非组织绩效目标,体现个人对组织的独特贡献,支撑组织绩效目标的达成。

(2)个人绩效目标是岗位职责中重要的、关键的工作目标,是工作方向,不是工作计划。

(3)业务目标设置不宜过多,以3~5个为宜。

第三部分：能力提升计划

能力提升计划是指员工针对上述的组织绩效目标和个人绩效目标承诺，需要拟订详细的行动计划与学习计划。能力提升计划填写的主要内容如表5-3所示。

表5-3　能力提升计划填写的主要内容

第三部分：能力提升计划						
【说明】 1．使PBC考核表充分发挥促进组织和个人共赢的作用，根据绩效表现，分析本人工作能力方面的挑战，制订有针对性的能力提升计划。 2．个人自评等级包括超出目标（＋）、达到目标（＝）、低于目标（－）。 3．能力提升计划不作为绩效评价的内容。						
需要提升的能力	发展目标	序号	发展/学习活动计划	计划完成时间	目标完成情况及效果	个人自评等级

（资料来源：华为官网）

【填写说明】

（1）需要提升的能力，包括基于岗位需要的专业技能、外语知识、计算机技能、沟通技巧、语言技能等。

（2）发展目标可以为阶段性目标，达到某个标准，或拿到某个证书，或完成多少课时等。

> 不要把关键事件行为过程考核与责任结果导向对立起来。责任结果不好的人，哪来的关键事件。
>
> （资料来源：任总在干部管理培训班上的讲话，2003年）

第四部分：员工自评综述

员工自评综述部分主要是员工对考核周期内自身表现的自我评价。员工自评综述填写的主要内容如表5-4所示。

表5-4 员工自评综述填写的主要内容

第四部分：员工自评综述	
自评意见（字数不超过300字）	

（资料来源：华为官网）

【填写说明】

（1）要求尽量客观，尽量描述事实与主要事项的要点。这部分一方面是通过员工的自评与自我描述将员工考核周期内的表现以文字的形式呈现，另一方面则是对考核周期内组织绩效目标、个人绩效目标均未呈现的重点内容的补充与说明。

（2）此部分内容要求尽量不要超过300字，文字要精练，内容要聚焦。

在早期的PBC考核表中，没有"员工自评综述"部分。后期，随着考核经验的积累，根据考核的实际需要，增加了"员工自评综述"部分，这也是

PBC绩效管理工具与其他绩效管理工具较为不同的一点。

第五部分：主管评价意见及等级

主管评价意见及等级的主要填写内容如表5-5所示。

表5-5 主管评价意见及等级的主要填写内容

第五部分：主管评价意见及等级
评价意见（字数不超过300字）

（资料来源：华为官网）

【填写说明】

（1）主要是主管对被考核者的总体评价，包括工作中的亮点及不足，然后根据评价给出评价的最终等级。

（2）评价等级一般应遵循强制排序的规则。

第六部分：PBC的评价等级

PBC的评价等级分为：A（杰出贡献者）、B+（优秀贡献者）、B（扎实贡献者）、C（较低贡献者）、D（不可接受）。

A：杰出贡献者。取得杰出的成果，业绩明显高于其他（同级别与类似工作性质）的人。超出或有时远远超出绩效目标，为他人提供极大的支持和帮助，并表现出其职能岗位所需的各项能力素质。一般在团队决策会议上决定。

B+：优秀贡献者。工作范围和影响力超越其工作职责，绩效表现超过大多数同事，有发展的眼光及影响力。总是能达到或有时超出绩效目标，为他人提供有力的支持和帮助，并表现出其职能岗位所需的各项能力素质。一般由主管评估，上层经理确定。

B：扎实贡献者。始终如一地履行工作职责，具有适当的知识和技能，工作积极。基本能达到或有时超出绩效目标，为他人提供相应的支持和帮助，并表现出其职能岗位所需的各项技能。一般由主管评估，上层经理确定。

C：较低贡献者。与他人相比，不能充分履行所有的工作职责，或者虽履行了职责但水平较低或成果较差；或者不能证明其具有一定水平的知识和技能。评价等级连续为C的亦等同于D类，需要提高。一般由主管评估，上层经理确定。

D：不可接受。不能证明其具备所需的知识和技能，或者不能利用所需的知识和技能；不能履行其工作职责；或者在评价等级连续被定为C后仍未显示出提高者。一般在团队决策会议上决定。

第七部分：承诺人签名

PBC考核表一旦拟定，经考核者与被考核者双方沟通一致，一定要签字确认。PBC考核表是管理承诺的工具，签字确认也体现了对承诺的落实、对制度与规则的遵从，需要绩效管理参与的三方：承诺人（被考核者）、主管（考核者）、审核者（绩效管理部门，如人力资源部）签名确认。

填写PBC考核表

PBC考核表分为普通员工版和管理者版。前面介绍了普通员工版PBC考核表的填写，为了完整地呈现这两类模板，下面以某公司某事业部主管为例，介绍管理者如何填写PBC考核表。

×× 公司个人绩效承诺书（适用于管理者）			
姓名	王东东	工号	10009
部门	民用事业部	职位	事业部总经理
考核周期	2020—2021 年	直线主管	刘东东

第一部分：组织绩效目标（70%）

【说明】

1．组织绩效目标是指管理者所负责组织的绩效目标。

2．考核指标设置不宜过多，一般 3～5 项。通过权重区分指标的重要程度，所有 KPI 的权重相加等于 100%。

分类	序号	考核指标	权重	半年目标/全年目标			达标值同比增长率	实际完成结果	得分
				底线值（60）	达标值（100）	挑战值（120）			
新产品研发	1	完成数量	30%	1	2	3			
产品订货	2	销售合同金额（万元）	40%	40000	55795	66954			
毛利率	3	产品综合毛利率	10%	20%	30%	36%			
毛利	4	毛利（万元）	10%	8000	13390.8	16000			
变动费用控制	5	实际费用与预算费用之比	10%	150%	100%	80%			

第二部分：个人绩效目标（30%）

Ⅰ．个人业务目标（20%）

【说明】

1．强调个人绩效目标而非组织绩效目标，体现个人对组织的独特贡献，支撑所负责的组织绩效目标的达成。

2．应聚焦重点，业务不宜过多，以 3～5 个为宜。

3．个人自评等级包括超出目标（+）、达到目标（=）、低于目标（-）。

分类	序号	个人业务目标	完成时间	衡量标准	辅助部门	完成情况	个人自评等级
市场拓展及重点项目	1	组织编写销售资料	2月完成初稿，6月出正式稿	出资料	市场部、代表处		
	2	产品营销经理实现对口安排	2月	实施安排	市场部、代表处		
	3	绿色公厕推广	6月	参与项目推广	人力资源部、代表处		

Ⅱ．人员管理目标（10%）

【说明】

1．支撑所负责的组织绩效目标的达成，有清晰、可衡量的标准。

2．人员管理目标不宜过多，以 3～4 个为宜。

3．个人自评等级包括超出目标（+）、达到目标（=）、低于目标（-）。

分类	序号	人员管理目标	完成时间	上半年度/年度衡量标准	辅助部门	目标完成情况	个人自评等级
部门梯度建设	1	招聘产品经理	3月	1．加强与人力资源部的沟通 2．发动企业员工推荐	人力资源部		
	2	稳定骨干	12月	1．表扬 2．加薪 3．评先进	行政部、人力资源部		
员工能力培养	1	专业知识	每季组织1次	每季组织1次专业培训	人力资源部		
	2	营销经验	3月举办	组织营销培训	人力资源部		

（续表）

分类	序号	人员管理目标	完成时间	上半年度/年度衡量标准	辅助部门	目标完成情况	个人自评等级
组织氛围建设	1	每周召开1次周例会	每周1次	成为惯例	行政部、人力资源部		
	2	每季组织1次集体活动	每季1次	1. 费用纳入预算 2. 争取活动与工作相关联	行政部、人力资源部		

第三部分：能力提升计划

【说明】

1．使PBC考核表充分发挥促进组织和个人共赢的作用，根据绩效表现，分析本人工作能力方面的挑战，制订有针对性的能力提升计划。

2．个人自评等级包括超出目标（+）、达到目标（=）、低于目标（-）。

3．能力提升计划不作为绩效评价的内容。

需要提升的能力	发展目标	序号	发展/学习活动计划	计划完成时间	目标完成情况及效果	个人自评等级
专业知识	对产品的各部件的技术均有较深的了解和掌握	1	请供应商专业技术人员来企业培训	每半年1次		
		2	购买书籍自学	每季度1本书		
营销经验	参与1~3个项目的前期运作	1	到代表处参与重要项目运作	全年		
		2	向企业优秀销售经理学习	全年		

第四部分：员工自评综述

自评意见（字数不超过300字）	

第五部分：主管评价意见及等级

评价意见（字数不超过 300 字）

第六部分：评价等级

☐ A（杰出贡献者）　　☐ B+（优秀贡献者）　　☐ B（扎实贡献者）
☐ C（较低贡献者）　　☐ D（不可接受）

第七部分：承诺人签名

员工签名：　　　　　　主管签名：　　　　　　审核者签名：
日期：　　　　　　　　日期：　　　　　　　　日期：

第六章
PBC目标制定

第六章 PBC目标制定

企业的绩效管理到底管什么？当然是管目标——战略目标、经营目标。战略目标一般是企业的使命、愿景，是长期目标；经营目标是企业的组织绩效目标，是短期目标。组织绩效目标即我们通常所说的企业之欲，完成与实现企业之欲的主体是员工。基于绩效承诺机制的PBC就是让员工基于企业的组织绩效目标做出个人绩效承诺，通过管理员工的日常绩效与行为，从组织绩效目标到个人绩效目标的层层有效传导，实现企业上下同欲。IBM、海尔、中国移动、华为等高绩效标杆企业应用PBC的实践证明，PBC是一个让企业上下同欲、高效沟通的管理系统。

有的放矢：制定绩效目标

> 确立愿景，明确目标和追求，解决长期艰苦奋斗的原动力。
>
> 1．建立共同愿景是团队建设的核心要素。企业现在面对的员工群体已经与创业早期有很大的不同，老员工通过多年的奋斗已经基本上实现了财务自由，大部分新员工的家境也不像二十年前的新员工那么贫寒，单纯依靠物质激励的效果有限。要通过确立企业愿景，明确目标和追求，用共同愿景来凝聚员工并激发员工持续艰苦奋斗的原动力。
>
> 2．各级组织与团队要基于自身的使命和责任，承接企业愿景和目标。各级主管要善于与员工就企业、部门的发展前景展开沟通，积极营造责任结果导向、开放进取、富有活力的氛围，给他们提供更多的成长机会，以事业发展来牵引员工长期共同奋斗。
>
> （资料来源："团结一切可以团结的力量"，电邮[2013] 143号）

绩效目标制定是绩效管理最重要的环节

企业通过制定绩效目标，明确工作方向，避免走弯路，明确工作优先级，聚焦重点；通过PBC绩效管理系统承诺担责、自我管理。员工与主管之间通过双向沟通，达成共识，实现员工的自我管理。

绩效目标制定阶段是管理者和员工共同讨论以确定员工考核期内应该完成什么工作，以及达到什么样的绩效才是管理者满意的绩效的过程。

绩效目标的制定是绩效管理的起点，是绩效管理最重要的环节，要让员工充分参与并做出书面承诺。

制定绩效目标时通常需要考虑三个值：底线值、达标值、挑战值。提起绩效目标的制定，我们大多数情况下考虑的是基本目标，即底线值或达标值，而忽略了挑战目标，即挑战值。在PBC绩效目标制定中，挑战值是一项重要的绩效目标。在挑战值的设定中要特别留意皮格马利翁效应。

皮格马利翁效应指人们基于对某种情境的知觉而形成的期望或预言，会使该情境产生适应这一期望或预言的效应，由心理学家罗森塔尔提出。完成挑战值对于员工来说是一种积极的、正向的心理暗示，会激励员工未来承担更富挑战性的工作。

PBC的绩效目标制定要有助于组织绩效目标的实现

PBC绩效管理重在目标的制定，关注过程管理，量化结果评价。考评的结果与价值的分配要紧密相连。因此，全面、合理的PBC绩效目标制定，能够给最终的价值分配提供有效的支撑。

在PBC绩效目标的制定过程中，如果各级主管凭借主观印象，而不是依据企业战略目标的分解和所在组织最小部门的组织绩效目标需要，PBC的最终实施就不能支撑绩效目标的达成，同时对个人能力的提升也没有起到牵引作用，PBC的结果也不能成为各级主管考评的依据。通过有效的PBC绩效目标的制定，拉通企业内部的管理，打破部门墙，依据各部门管理特性、当前重点工作方向、关键任务，关注痛点解决及长期生态环境的打造，结合组织绩效目标，清晰、合理地制定PBC绩效目标。

目标沟通：3+1对齐

3+1对齐的"3"是指目标对齐、思路对齐、理念对齐；"1"是指一条主线对齐，即PBC认识和理解对齐。

目标对齐

在PBC绩效目标的制定中，目标对齐的目的是帮助下属聚焦正确的事情，澄清与沟通下属工作方向、业务重点和绩效期望及目标，确保与战略保持一致。

思路对齐

在PBC绩效目标的制定中，思路对齐的目的是辅导下属将事情做正确，分析"组织和个人面临的当前与未来的核心挑战""达成目标的思路、方法和领导行为"。

理念对齐

在PBC绩效目标的制定中，理念对齐的目的是激励下属拥抱挑战的热情，激发下属主动制定有挑战性的目标，促使他们乐于付出超越职责的努力。

在PBC绩效目标的制定中，无论是目标对齐、思路对齐还是理念对齐，均要求各级主管与员工在PBC认识和理解上对齐、统一，有共同的目标和方向。

阶段不同，目标不同

不同时期、不同区域、不同阶段，PBC绩效目标是不同的。

华为员工SJR刚去海外时，正好徐直军负责海外市场，当时徐直军对他有三个要求：

1. 找到一家宾馆，开一个账户，然后租一套房子，把生活安顿好。

2. 会见客户，客户的层次并不重要。

3. 建立试验局。

显然，在SJR最初的PBC绩效目标中，并没有订单、发货、收入等通用销售类指标。

目标要看得见、摸得着

目标如果看不见，即使很容易实现的目标，也易导致半途而废。

1950年，弗罗伦丝·查德威克因成为第一个成功横渡英吉利海峡的女性而闻名于世。两年后，她从卡德林那岛出发游向加利福尼亚海滩，想再创造一项前无古人的纪录。

1952年7月4日清晨，加利福尼亚海岸起了浓雾。她在海水中被冻得身体发麻，她几乎看不到护送她的船。时间一小时一小时地过去，千千万万的人在电视上看着她。

15小时之后，她又累又冷。她觉得自己不能再游了，就叫人拉她上船，她的母亲和教练在另一条船上。他们都告诉她海岸很近了，叫她不要放弃。但她朝加利福尼亚海岸望去，除了浓雾什么也看不到……

人们拉她上船的地点，离加利福尼亚海岸只有半英里！后来她说，令她半途而废的不是疲劳，也不是寒冷，而是她在浓雾中看不到目标。查德威克一生中就只有这一次没有坚持到底。

有效目标要看得见、摸得着，才会形成动力，帮助人们获得自己想要的结果。

目标要激励人心

激励人心的目标应具备以下四个典型特征。

目标清晰

目标的基本要求是聚焦、清晰，指引工作无歧义。绩效管理是组织战略层层分解的过程，个人绩效目标是组织绩效目标层层分解而来的，是承接组织战略的最小目标单位。只要按照绩效目标制定流程，用"重点、难点、变化点"思考目标，用"重点、难点、变化点"顺序沟通目标，把PBC绩效目标的制定与沟通活动做实，就能制定一个清晰的目标，激励人心的目标的第一个特性就具备了。

趋利避害

找到目标对员工的"利"，让员工自我认知目标是重要的、有价值的，符合员工趋利避害的天性。通常目标必须具备两个要素：做什么（内容），做到什么程度（强度）。制定激励人心的目标，就要在目标清晰的情况下，找到目标对员工的重要性和价值。员工只有认知和感觉到目标的重要性和价值，才能激励自己。但要注意，不同员工对什么是重要的、什么是有价值的，认知是不同的。

稳定预期

给员工相对能够掌控不确定性和模糊性的目标和环境。对于目标，制定跳一跳就能够得着的目标，让员工可预期达成，感觉可掌握和控制。对于环境，更多的指主管（组织）言而有信，规则明确，减少模糊和随意。让员工可预期，才能有效激励。能够掌握和控制是员工对目标有期望、有信心和能够自我赋能的直接原因。

明确、稳固的组织规则与绩效环境（如绩效导向、回报方式、资源支持等）是员工制定目标的重要参考。如果规则与环境随意变化，主管说话不靠谱，那么员工对主管或组织就没有基本的信任，其他方面做得再好，谈绩效激励也是没有意义的。对主管来说，建立规则，言而有信，客观公正，获得员工信任，才具备了激励的环境和前提。主管需要经常自我审视，是否提倡质量，却在实际考核中更多地看重数量；鼓励员工简化、务实，却往往表扬了不干实事、善于包装、表面光鲜的员工等。

投其所好

了解员工的诉求，找到"引爆点"，做到知人善任。首先，工作激励。发现个体内在的积极力量，让员工从事他感兴趣和喜爱的工作，因为工作本身就是最大的激励，内在激励的激励强度最大、持续时间最久。在条件允许的情况下，可以给员工更多选择工作的机会。

其次，"用心"激励（非物质激励）。发现个体的发展、成长、成就、认可、关系等诉求。只要条件允许，绩效目标的分配要尽可能地匹配员工个人诉求的优先级。让员工感受到绩效目标的重要性和价值。

最后，"用钱"激励（物质激励）。了解员工的诉求，让员工知道组织规则。只要建立明确的规则，员工就会做出选择，自我激励，从而有助于组织绩效目标的达成。

华为PBC绩效目标制定实例

表6-1是华为PBC绩效目标制定实例，"√"表示编写正确，"×"表示编写错误。

表6-1 华为PBC绩效目标制定实例

人员管理目标	衡量标准	说明
提高员工的××能力	支持员工参加××培训	×
完成Z代表处关键岗位的继任计划梳理	输出关键岗位的继任计划，持续跟进相关人员的培训辅导	√

说明：撰写人员管理目标时的一个典型错误如上所示，"提高员工××能力"。这样的目标过于笼统，没有形成对员工能力期望的具体描述，与组织和个人的业务目标、人员管理目标的关系也不够清晰。衡量标准"参加××培训"过于聚焦学习活动，事实上参加培训活动之后将方法、工具运用到工作中才是真正提升能力的衡量标准

人员管理目标	衡量标准	说明
与骨干员工制定PBC绩效目标	完成与骨干员工PBC绩效目标的制定和沟通	×
加强与代表处骨干员工的PBC绩效目标制定和沟通工作	可量化、具有强牵引的PBC绩效目标输出	√

说明：在人员管理目标中，"完成PBC绩效目标制定"虽然是可量化的衡量标准，但是目标制定者应该了解，完成了并不一定做得好。在整个PBC目标制定过程中，更应该注重与员工的沟通和对员工的辅导

人员管理目标	衡量标准	说明
招聘本地产品经理	完成产品经理的本地招聘工作	×
加强组织氛围营造，控制本地员工流失率，逐步把××系统部建成一支由本地员工来运作的部门	本周期内本地员工流失率不高于20%	√

说明：在撰写目标时，要把目的、意义说清楚。例如，撰写该项人员管理目标的主管所在海外代表处的人员流失率较高，希望加强本地化管理，因此制定了"招聘本地产品经理"的目标，但招聘的目的不只是增加本地员工的比例，更重要的是建设团队，在当地扎稳根基。撰写时要尽量把制定该项目标的意义体现在描述中。另外，对一个岗位的招聘并不能完全反映企业本地化的情况，而使用本地员工流失率来衡量本地化建设的情况更为合理

（资料来源：华为官网。）

华为关于PBC绩效目标管理的态度和认知

忠实于企业目标,各层管理者才能赢得员工的信任

20世纪最著名的管理学家德鲁克说过:"管理的效力取决于被管理者的认同。"在实现企业目标的过程中,如果各层管理者能"立德、立言、立行",做企业目标的忠实拥护者,而不囿于个人的好恶、得失,自然会赢得员工的信任。大家共同攻关,承受压力,企业就能产生巨大的能量。

正如古人所云:"欲正其心者,先诚其意,意诚而后心正。"管理者在管理团队中坚持"忠实于企业目标"这个原则,在工作中就有了明确的立场、观点,就有了强烈的动力去实现企业目标。

管理者如果能胸怀企业目标,就会形成强大的信念力量。这种力量会帮助管理者成为团队的精神支柱,带领团队成员走出最困难的阶段。任正非常说:"越是在失败的时候,越是敢于在茫茫黑夜点燃自己生命的火把,引导他人前进……挺起胸,排好队,敲着鼓,吹着号,大无畏地前进。"没有企业目标,没有组织的"大我",没有对企业目标忠诚的信念,各层管理者就无法带领员工昂然走向黎明的朝阳。

忠实于企业目标是以企业文化、价值观为前提的。华为所倡导的"胜则举杯相庆,败则拼死相救"也是一种文化导向,导向外部创造价值;那些"胜抢功,败甩锅"不是价值创造,而是瞄准了价值分配,向内部要利益,不可否认这里面有KPI考核形成的竞争问题、互助没有得到足够认可的问题,但更重要的是管理者自身的格局问题、文化导向的问题。

"上有政策,下有对策"是对企业目标的不忠诚

对企业制定的流程、规范,找很多借口不执行;对该下力气推行的管理变革措施敷衍应付、不加重视;对企业的政策、价值评价导向过滤、打折扣等类似现象都属于"上有政策、下有对策",其实质是对企业目标的

不忠诚。

市场竞争激烈而严峻，每次政策的发布、制度的推行，都像风雨波涛中的船长向船员发布的命令，是为了及时调整力量去应对外界市场的变化。"上有政策、下有对策"只能导致企业无法及时、准确、有效地做出响应。政策在执行中变形、扭曲，甚至因此而发生冲突，会给企业带来巨大的危险。

反对"上有政策、下有对策"，就是捍卫企业的利益和目标，就是防止政策资源的流失，就是避免企业陷入泥坑。各层管理者是企业的财富，财富的意义体现在他们是理解、贯彻、执行企业政策的中坚力量，因此，"上有政策、下有对策"应成为每个管理者值得警惕的"雷区"。

忠实于企业目标，注重对企业目标实质的把握，而不拘泥于形式

忠实于企业目标并不意味着管理者要机械、僵硬地理解和执行企业政策。企业目标更多的是一种方向和原则，如果不深刻地从实质的角度去理解，管理者很容易裹足不前，消极等待所谓明确的指示，坐失良机。从日常的政策传达到一个产品领域的运作，这种围绕企业目标的"内容与形式、实质与表象"的辩证关系时时刻刻都存在着。

如何在实现企业目标的过程中提高政策执行的水平，是各层管理者应努力思考的问题。一个避免走弯路的方法就是多做调查研究，多结合实际参悟企业的目标，举一反三，在目标实现中做到"眼到、手到、耳到、心到、身到"。

"忠实于企业目标"，说易行难，始终如一地坚持更难，这需要管理者有强烈的责任心、使命感、敬业精神和献身精神。正因为如此，企业要始终坚持用这一标准来发现、选拔、培养、教育管理者。

将企业目标与员工个人诉求最大限度地契合

企业的成功依赖于每个人尽心尽力地工作，要想实现企业目标，关键在

于让个人的梦想和企业的目标保持统一。

在人员成熟度高、业务压力大、整体业务目标不确定等情境下，怎样让企业涌现出一批目标感超强的业务狂人？怎样让员工跟着管理者踏踏实实地干？要让每个人都围绕企业目标发力，管理工作要做得更加细致，要从业务规划、目标落实、过程沟通对齐、及时反馈激励四个方面切实地思考改进，并融入企业的日常管理中。

"集众人之私，成天下之公"，企业目标的达成必然建立在众人个体诉求统一的基础上。每个人的诉求又是多元、多层次的，如何把企业的整体目标和成百上千人多元、多层次的诉求最大限度地契合，并将其变成可以传承、复制的方法，考验着各层管理者的智慧和热情。

突出重点：抓住KPI

> 我们认为，还是根据产粮食的多少来确定KPI，根据对土壤未来肥沃的改造程度来确定战略贡献。比如，根据销售收入和优质交付所产生的共同贡献，拿薪酬包；若没有做出战略贡献，就不能被提拔。我们现在的KPI也包含了很多战略性贡献，战略性贡献要搞KPI，我也同意，但要单列，战略KPI和销售收入KPI不能一致。将来企业所有指标都要关注到抢粮食，关注到战略指标。
>
> （资料来源：任正非在人力资源工作汇报会上的讲话，电邮[2014]057号）

关键绩效指标（Key Performance Indicator，KPI）最早由英国航空管理层提出，当时英国航空的管理出现了问题，导致绩效很差，管理层提出先找出绩效提升的关键成功因素（Critical Success Factor，CSF），然后再找出影响这些关键成功因素的KPI，并严格、系统地追踪。通过对KPI的严格管理，英国航空的绩效出现明显改善，2006年英国航空被Skytrax企业推选为"年度全球最佳航空企业"。

KPI是由企业战略目标分解而来的，随企业战略的演化而被修正，能有效反映关键绩效驱动因素变化的衡量参数。

KPI概述

KPI的主要用途

- 根据组织的发展规划、目标计划来确定部门或个人的绩效指标。
- 监测与绩效目标有关的运作过程。
- 及时发现潜在的问题和需要改进的领域，并反馈给相应部门或个人。
- KPI输出是绩效评价的基础和依据。
- 把个人和部门的目标与企业整体目标联系起来。
- 对于管理者而言，阶段性地对部门与个人的KPI输出进行评价和控制，可引导正确的目标发展。
- 集中测量企业所需要的行为。
- 定量和定性地对直接创造利润和间接创造利润的贡献进行评估。

常用的KPI类型

常用的KPI类型如表6-2所示。

表6-2　常用的KPI类型

KPI类型	指标说明	目标值（仅示例）
比率	研发人员与生产人员占比	1：8
绝对值	业务员人均效益	2000万元/人
	净利润	3500万元
指数	大气污染指数	60
百分比	核心骨干保留率	95%
	市场占有率	35%
名次排序	产品的销量排名	2
评分等级	财务信用等级	A
	供应商信用评定等级	1

KPI是对关键重点经营行动的反映，而不是对所有操作过程的反映。

KPI的缺点

- KPI对设置人员的要求很高，设置过程难度较大，因此很多企业往往出现由于没有按照流程导向操作而偏离结果责任导向，考核成本高、过程复杂。

- 不适合职能型及绩效周期较长的岗位。

- 弹性小，容易误入机械的考核方式。

- 各个指标是独立的，指标之间没有明确的内在联系，考核更多定位在部门及其内部个体绩效结果上，忽视了部门绩效之间的内在逻辑与组织战略实施之间的关系。

- 有些指标是无法定量的，考核易流于形式。

- 企业大多从岗位职责出发，选取KPI考核指标，使得KPI过于细化烦琐，工作量大，如果遇上岗位人手不够、IT支撑不给力的话，怨声载道几近一种常态。

KPI为企业战略目标而存在

信管办是华为的一个"防泄密、抓内鬼"的部门,其中,"抓内鬼"又可分解为泄密案件及商业行为准则(Business Conduct Guideline,BCG)家属信息瞒报。

某年华为地区部开展BCG家属信息申报核查时,综合多方面情报查实并处理几例瞒报案件。其中有刻意瞒报情形,甚至有向企业提供含有虚假信息的证件以避免被企业发现的恶意案件,但也出现了一例不寻常的瞒报案件。信管办初步掌握的情况表明,某代表处某系统部XXC成员之一的家属在恶性竞争对手那里工作。

经过初步调查,该员工太太在恶性竞争对手那里工作,任职某片区销售总监。但该员工在历年来的BCG申报情况均反馈为不涉及。

按规定,查实为BCG家属信息瞒报的员工,根据华为政策,原则上可采取措施进行清理。信管办的部门KPI也会因此提前达成,年度绩效会更好。经过与员工主管以及代表处副代表深入核查后发现,该员工并未在部门内隐瞒其太太的就职情况,其主管及副代表均知情,主管之前有收到该员工对此情况的邮件方式反馈。

不在BCG系统中申报的不属于合法申报,信管办可以拿出企业精英管理团队(Executive Management Team,EMT)决议,不被质疑、合法地辞掉员工,以达成部门KPI。但万一误杀或错杀呢?这对业务部门是可能产生冲击的,对信管办工作也会有负面的影响。

不能为了KPI而KPI!

为了真实地还原业务本质,信管办与该员工进行非对称确认,并与其历任主管及代表处前任副代表一一核查确认、反复核实,确保信息无疑点、无盲点。

经核实后的情况如下:

- 该员工太太实际上是在恶性竞争对手那里工作，工作单位属于恶性竞争对手的子公司。

- 与该员工历任主管、代表处核实确认，他们知晓该员工太太在恶性竞争对手那里工作。

- 在恶性竞争对手筹划上市后，业务上存在竞争关系。BCG家属信息申报的标准是在有着重大竞争的友商（华为对竞争对手的另一说法）工作，该员工因此在BCG家属信息申报中选择"不涉及"。

- 该员工曾就此情况向主管提供了邮件方式的反馈，同时重新理解企业政策后，该员工愿意按企业要求配合完成所有动作。

- 该员工在最近的重大竞争项目中表现出色，为拿下项目、屏蔽对手做出较大贡献。

最终，信管办建议对该员工按非瞒报处理，并按企业政策补齐相关管理动作。次年，该员工因在多个重大竞争项目中表现优异，被提拔为××地区部××代表处副代表。

管理者的重点是服务于企业的经营活动，不能为了KPI而KPI，唯KPI就会害人。

KPI只是一种管理工具，考验的是管理者有无能力把工作量化，有无能力抓住工作中的重点与要点。选择考核什么比如何考核重要，如果工作产出能被量化为指标，KPI实际上起到了协同团队成员和目标的作用。当KPI被用于量化工作，尽管对偏重于创意创新的业务会弊大于利，但对标准作业流程中的协作依然是好处多于坏处的。

KPI是典型的、冰冷的、客观的量化指标，不能没有，但也不能过分。所以还要有相应的价值观体系来保证KPI促成正面、向上的力量，KPI不是僵化的控制手段。

主管要有正确、积极的KPI导向，帮助员工制定正确的KPI。

如何制定KPI

确定企业级KPI

首先，明确企业的战略目标，并在企业会议上利用头脑风暴法和鱼骨分析法找出企业的业务重点，也就是企业价值评价的重点。其次，用头脑风暴法找出这些关键业务领域的KPI，即企业级KPI。

分解出部门级KPI

各部门的主管需要依据企业级KPI建立部门KPI，并对相应部门的KPI进行分解，确定相关的要素目标，分析绩效驱动因素（技术、组织、人），确定实现目标的工作流程，分解出部门级KPI，并确定指标评价体系。

分解出个人KPI

将部门级KPI进一步细分，分解出个人KPI，这些绩效衡量指标就是考核员工的要素和依据。

设定评价标准

一般来说，指标指的是从哪些方面衡量或评价工作，解决"评价什么"的问题；而标准指的是在各个指标上分别应该达到怎样的水平，解决"被评价者怎样做，做多少"的问题。

KPI审核

KPI一旦确定之后，还需要进一步审核：

- 多个评价者对同一个绩效指标进行评价，结果是否一致？
- 指标的总和是否可以解释被评估者80%以上的工作目标？

- 跟踪和监控KPI是否可以操作？

……

KPI审核主要是为了确保KPI能够全面、客观地反映被评价者的绩效，而且易于操作。

制定KPI的要点

（1）KPI必须具体、可衡量、可操作。

（2）明确考核数据来源，建立部门级KPI数据收集表。

（3）每个职位的KPI为5~8个，涵盖该职位80%以上的工作。

（4）能量化的KPI予以量化，并明确详细的计分方法：

- 加减分［如每增（减）多少，加（减）1分］。

- 比例法（实际值/计划值×标准分、计划值/实际值×标准分）。

- 分段计分法。

- 其他。

（5）不能量化的KPI予以行为化，并转化为可测量的计分标准。尽量对其实行加减分计分，对确实不宜加减分计分的行为化指标，可针对该指标先进行等级综合评价，然后折算成分数，比如，优120%；良110%；好100%；一般80%；差0~60%等。

KPI示例

项目经理的岗位职责要求介于业务人员与行政人员之间，其KPI更具典型性与代表性。

××企业工程部项目经理岗位KPI如表6-3所示。

第六章 PBC目标制定

表6-3 ××企业工程部项目经理岗位KPI

员工姓名：

序号	标准分	KPI	指标定义	目标	计分规则	数据来源	实际完成	考核分	备注
1	60	费用管理 劳务费用管理	民工费、安装人工费、材料二次搬运费的控制与管理	财务数据	每减（增）____%，加（减）1分；最高不超过____分，最低不低于____分	财务提供			
2		机械费用管理	吊车费、运输费的控制与管理	财务数据	每减（增）____%，加（减）1分；最高不超过____分，最低不低于____分	财务提供			
3		机料费用管理	易耗品、临时材料场地费的控制与管理	财务数据	每减（增）____%，加（减）1分；最高不超过____分，最低不低于____分	财务提供			
4		管理费用管理	食宿费、往返交通费、市内交通费的控制与管理	财务数据	每减（增）____%，加（减）1分；最高不超过____分，最低不低于____分	财务提供			
5	10	工程进度	（1）编制并执行"施工组织设计"、总体施工进度与计划 （2）制定劳动力、机械设备、材料保障措施 （3）按期完成节点目标 （4）及时解决现场突发问题 （5）验收交接：顺利完成内部验收，提供相关验收数据及记录	0次，及时	（1）未制订计划与措施，或制订不符合要求的，扣____分/次 （2）未按期完成节点工期的，每推迟一天，扣____分/天 （3）未及时处理现场问题扣____分/次，每个签呈及解决方案经批准后加____分 （4）逾期验收记录扣____分/次，未提供验收数据及记录扣____分/次	表格检查/上级评定			

（续表）

序号	标准分	KPI	指标定义	目标	计分规则	数据来源	实际完成	考核分	备注
6	10	工程质量	（1）确保质量保障体系的制定与执行 （2）确保工程质量符合要求	0次	（1）未按规定制定质量保障体系，扣＿＿分/次 （2）工程质量不符合要求，或者受到客户投诉无合理解释的，扣＿＿分/次	表格检查/上级评定/客户投诉			
7	10	安全管理	（1）确保安全保障体系的正常运转 （2）制定安全保障措施 （3）项目施工中的安全管理	0次	（1）未按规定制定安全保障措施，扣＿＿分/次 （2）发现安全问题与事故，扣＿＿分/次	表格检查/上级评定			
8	10	项目总结	按时完成项目、月度或日工作总结	及时/0次	（1）每迟交1天，扣＿＿分 （2）总结不规范被退回修改的，扣＿＿分/次	上级评定			

华为早期企业级KPI体系要点

一、建立与落实企业级KPI体系的迫切性和存在的问题

1. 建立和落实企业级KPI体系的迫切性

（1）落实上一年管理工作要点。

（2）传递市场压力。

（3）建立综合平衡发展的管理体系。

（4）推动干部职业化。

2. 建立和落实企业级KPI体系存在的问题

（1）现行的企业级KPI不能直接、明确地体现企业战略，不能紧扣年度管理工作要点。

（2）由于企业级KPI不明确，致使部门级KPI不能聚焦，客观上助长了部门各自为政。

（3）原有的KPI体系求全求细，没有抓住重点和关键，主线不清晰。

（4）在原有的企业级KPI分解中，过于强调部门的可控性和责权对等，忽视了跨部门的责任，致使企业的最终成果指标不能落到实处。

（5）企业级KPI的主要责任部门不明确，致使一些痼疾长期得不到彻底解决。

二、企业级KPI体系的建立原则

（1）体现企业中短期的发展战略，紧扣上一年管理工作要点，以增强核心竞争力为最终目的。

（2）简化、突出重点，明确主线，抓住主要矛盾。

（3）强调市场标准和最终成果责任。

（4）强调跨部门连带责任，促进跨部门的协调，不迁就部门的可控性和权限。

（5）综合性、可度量、定量化，指标间相互制约，激励与压力并存。

三、企业级KPI核心宗旨

（1）减人、增效、降耗。

（2）实行工资总额与部门绩效挂钩的原则。

（3）工资总额增幅不能超过组织增幅和人均创利增幅。

四、各主要责任中心KPI（以营销系统为例，其他略）

1．组织增幅

指标名称：销售额增长率。

指标定义：计划期内，分别按订货口径计算和按销售回款口径计算的销售额增长率。

设立目的：作为反映企业整体组织增幅和市场占有率提高的主要指标。

数据收集：财务部。

指标名称：出口收入占销售收入比率的增长率。

指标定义：计划期内，出口收入占销售收入比率的增长率。

设立目的：强调增加出口收入的战略意义，促进出口收入增长。

数据收集：财务部。

2．生产率提高

指标名称：人均销售毛利增长率。

指标定义：计划期内，产品销售收入减去产品销售成本后的毛利与营销系统平均员工人数之比。

设立目的：反映营销系统货款回收责任的履行情况和效率，增加企业收入，改善现金流量。

数据收集：人力资源部。

3．成本控制

指标名称：销售费用率降低率。

指标定义：计划期内销售费用支出占销售收入比率的降低率。

设立目的：反映销售费用投入产生销售收入的效果，促使营销系统更有效地分配和使用销售费用。

数据收集：财务部。

指标名称：合同错误率降低率。

指标定义：计划期内发生错误的合同数占全部合同数的比率的降低率。

设立目的：促进营销系统减少合同错误，合理承诺交货期，从而提高整个企业计划水平和经济效益。

数据收集：生产总部。

KPI制定建议

- 去除与岗位非直接关联的KPI，保留与岗位直接关联的KPI，如产品经理保留销售订货这一KPI。

- 在分解团队KPI的同时，KPI的制定要与销售流程中销售项目线索、机会点管理匹配。当出现分歧时，要分析市场情况，找出新的线索或努力的方向。

- PBC应该包含KPI，并且可以涵盖相关联的岗位定义的内容，以及岗位定义以外的内容，其核心目的是达成个人及团队目标。

- PBC的设定首先要基于KPI目标达成，分解到各项关键动作，对目标达成产生有效的指导意义；其次根据团队整体目标，分解能支持团队完成目标的关键动作；最后要考虑对员工自身的不断改进，有针对性地设定牵引性目标。

- PBC需要不断调整，但是不做大幅度调整，而是根据企业的实际情况与变化微调，微调的同时必须与员工保持沟通，并达成共识。

在KPI考核评价过程中，要坚持以目标结果为导向，牵引、保障目标的达成，其中KPI制定的有效性及其是否与考核评价匹配是关键。主管只有严格落实责任结果导向，才有可能形成高效的团队，不断地达成目标，取得一个又一个的胜利。

挑战自我：设定挑战值

以基本指标为基础设定挑战性指标

挑战性指标是管理者对员工在该项指标完成效果上的最高期望值。

在设定挑战性指标时，要在基本指标设定的基础上，考虑实际工作绩效是否很容易在基本指标上有较大波动，对波动性较大的指标，应设定较高的挑战性指标。

例如，A、B两家子公司，年销售收入分别是1 000万元和6 000万元，由于盈利能力不同，年度利润指标分别为100万元和400万元。但是A的规模小，即使绩效完成得再好，最多实现150万元利润；而B的规模大，市场价格稍有提升，就可能实现500万元利润。在这样的情况下，只设定基本指标对二者进行同样的考核显然不合理，而如果将A的挑战性指标定为150万元，B的挑战性指标定为600万元，就可以抵消因指标波动性差异对绩效考核结果造成的不良影响。

MMX时任××代表处网络产品部主管，在分解订货目标时，发现由于客户投资大小年的原因，导致个别产品线当年完成指标非常困难，即使把所有的线索和机会点梳理出来后，完成空间也只能在60%左右。

MMX在与员工A初步沟通PBC绩效目标时，如果按照企业下达的订货目标分配指标，肯定无法完成。按照无法完成的订货目标下达KPI，员工认为没有意义。按这样的结果考核不公平。MMX又审视了部门每个员工的订货指标，发现员工B和C负责的运营商产品线是大年，不用费劲去拓展，就可以轻松完成企业下达的订货目标。

如果简单按照企业下达的订货目标分配指标，虽然看起来很公平，但是会导致员工产生"命好"和"运气好"的心理，以致无法完成任务的员工A懈怠，能完成任务的员工B和C把任务完成后也不会继续冲锋，会把一部分订单留在次年1月签署。如果出现这样的局面，就会导致部门整体的订货目标可能无法达成。

面对这样的挑战，MMX该如何办呢？

首先，MMX重新梳理了地区部年初会议上讨论的所有机会点，包括新机会和新业务。同时MMX也与发达、中等发达和欠发达地区的代表处网络产品主管沟通，并且与相关大T网络解决方案部沟通，了解可能出现的所有线索和机会点。然后MMX组织了部门所有员工学习和讨论，部门所有人对L省现网实际情况展开分析，结合企业的解决方案，重新梳理所有的线索和机会点。讨论清楚所有的线索和机会点后，MMX让每个员工重新制订业务计划，确定全年的重点工作措施和计划，并确定责任人和时间点。

其次，通过对每个员工的年度工作计划的沟通与审核，MMX已经了解每个员工全力以赴和正常努力能完成的目标的上下限。在具体实操中，MMX将员工A的目标定位为企业下达的年度订货目标的70%，将其余的30%按照B和C的年度规划，按照一定比例分给B和C。这样，按照每个人的业务规划，MMX制定了合理的PBC绩效目标，然后组织会议公示并讨论，在会上与每位员工确认后，形成最终稿并签字。

在后续绩效辅导中，MMX与员工A充分沟通，指导并帮助他协调资源运作项目。经过员工A全力以赴地努力工作和MMX的精心帮助，员工A完成了企业下达的年度订货目标的80%，部门下达订货目标的114%，相关的其他KPI指标和过程目标也完成得不错。员工B和C也完成了部门调整后下达的指标，最终部门目标超额完成。

面对企业下达的非常有挑战性的指标，作为一名产品部主管，应以开放的心态了解地区部和其他代表处所能呈现的所有线索和机会点，通过组织部门员工看网讲网，结合客户痛点，全力以赴发掘线索和机会点。让每个员工制订自己的年度计划，然后组织会议共同确定部门的年度计划，确定工作方向和节奏。

如果MMX按照地区部给代表处每个业务单元下达的订货目标直接分解到部门员工，按照平常确定的团队KPI分解规则来说，一点问题都没有，也不会有人质疑其公平性，但是会因为地区部下达目标的偏差，导致无法完成任务的部门员工懈怠。

MMX了解每个员工所确定的基本指标和挑战性指标，与每个员工充分讨论，合理分解订货目标，并签署PBC绩效目标，在部门内部公示。在这个过程中，MMX充分把握了灰度，合理地将A的订货目标的不合理部分分解给B和C。

在KPI下达后，MMX加强了过程的监控，并对员工做了很好的绩效辅导，以教练的角色辅助员工成功。

从理论上讲，无论是基本指标还是挑战性指标，均应由管理者和员工来协商确定。指标要在听取管理者和员工双方的意见后，按管理权限审定。

挑战性指标的设定也应有针对性，因人而异，因时而定。

指标每年核定一次，指标一经确定，一般不做调整。如遇不可抗拒因素等特殊情况的确需要调整，由员工向上级主管提出书面申请，并按规定程序审批。未获批准的，仍以原来的指标为准。

在确定指标的过程中，尤其要注意公平地为各岗位设定指标，对相同类型的岗位统一要求，尽量避免同类型岗位的指标在相同情况下有高有低。对同类型的岗位，其指标的差异可以因自然条件、当地经营环境与企业资源多少产生，但不应因个人能力与过去绩效水平不同产生差异。例如，不能由于某个员工工作能力与管理水平高，就给其设定较高的指标，造成对其衡量标准高于他人，所得绩效分值低于其应得的水平。

第七章

PBC绩效沟通与辅导

PBC实施不畅的症结在于沟通——沟通难、难沟通，缺乏沟通，沟通不畅，沟通中走过场，形式主义，或者做表面文章。在绩效管理实践中，管理者和员工在主观上都回避绩效沟通这一过程。对于管理者来说，这一过程简直就是绩效管理中的危情时刻，没有人愿意把绩效考核的结果摆到桌面上来讨论，因为这会给自己带来麻烦，尤其是与绩效结果不好的员工做绩效沟通时。

绩效管理关注的是员工绩效的提高，员工绩效为企业绩效的实现服务，这就将员工和企业的发展绑定在一起，同时也把绩效管理的地位提升到了战略层面。作为管理者，应战略性地看待企业的绩效管理，制定相应的绩效策略，并有效地执行。然而，缺失了管理者与员工面对面沟通、一对一辅导，再好的绩效策略都将落空。

绩效管理战略落地难，绩效管理想让员工心服口服，更难！PBC绩效沟通的质量决定了PBC绩效管理的质量。

PBC绩效沟通

沟通有备而来

绩效沟通主要是指绩效结果的反馈沟通及绩效实施中的状态沟通。沟通过程是绩效管理的重点。绩效结果的反馈沟通是让员工明白，要对自己过去的行为和结果负责，引导员工正确的思考问题。绩效实施中的状态沟通主要监控员工的绩效状态，及时反馈绩效实施过程中的问题与困难，通过沟通帮助员工查找产生良好绩效和不良绩效的原因，并制定相应的改进措施和方法。

正式绩效沟通前，无论是作为访谈者的主管，还是作为被访谈者的员工，都要有所准备。

主管（访谈者）要有所准备

（1）阅读之前设定的工作目标。

（2）检查每个目标完成的情况。

（3）从员工的同事、下属、客户、供应商处了解详情。

（4）搜集关于该员工工作表现的情况。

（5）给员工工作成果和表现打分。

（6）对于出现高分和低分的目标要搜集翔实的资料。

（7）整理该员工的表扬信、感谢信、投诉信等。

（8）为下一阶段的工作设定目标。

（9）提前一星期通知员工做好准备。

员工（被访谈者）也要有所准备

（1）阅读之前设定的工作目标。

（2）检查每个目标完成的情况和完成的程度。

（3）审视自己在企业价值观方面的行为表现。

（4）给自己的工作成果和表现打分。

（5）哪些方面表现好？为什么？

（6）哪些方面需要改进？行动计划是什么？

（7）为下一阶段的工作设定目标。

（8）需要的支持和资源是什么？

主管在绩效沟通中应做事项

主管开始绩效沟通时，应营造良好的沟通氛围，建立彼此之间的信任，清楚地说明此次绩效沟通的目的，以积极的方式结束，为下一次沟通留下机会，对沟通的内容进行简单总结，并整理好记录。具体来说，主管在绩效沟通过程中应做到：

（1）提供绩效记录，以便决策。

（2）尽早发现潜在问题，帮助员工改进。

（3）发现员工的长处，以便进一步培养和利用。

（4）对工作出色的员工加以表扬，以提高员工的积极性。

（5）收集解决问题所需的充足、准确的信息。

（6）记录有关绩效沟通的详细情况，以便在进行纪律处分和处理潜在的法律诉讼纠纷时使用。

沟通有道：开放、妥协、灰度

开放、妥协、灰度是华为文化的精髓，也是一个领导者的风范。

一种不开放的文化，不会努力地吸取别人的优点，会被逐渐边缘化，是没有出路的。一个不开放的组织，迟早也会成为一潭死水。无论是在产品开发上，还是在销售服务、供应管理、财务管理……上，我们都要开放地吸取别人的好东西，不要故步自封，不要过多地强调自我。创新是站在别人的肩膀上前进的，同时像海绵一样不断吸取别人的优秀成果，而非封闭起来"自主创新"。与中华文化齐名的，古罗马、古巴比伦文化已经荡然无存了。中华文化之所以活到今天，与其兼收并蓄的包容性是有关的。今天我们所说的中华文化，早已不是原教旨的孔孟文化了，几千年来已被人们不断诠释，早已近代化、现代化了。中华文化也是开放的文化，我们不能自己封闭它。向一切人学习，应该是华为文化的一个特色，华为开放就能永存，不开放就会昙花一现。

> 我们在前进的路上，随着时间、空间的变化，必要的妥协是重要的。没有宽容，就没有妥协；没有妥协，就没有灰度；不能依据不同的时间、空间，掌握一定的灰度，就难有合理审时度势的正确决策。开放、妥协的关键是如何掌握好灰度。
>
> （资料来源：任正非在市场部年中大会上的讲话，2008年）

在坚持核心价值观的前提下，灵活应用"开放、妥协、灰度"，是激发高绩效团队的关键调节手段。如何基于全局观和业务实质，通过正确理解并应用"开放、妥协、灰度"，充分调动团队每个成员的主观能动性，激发全员奋斗精神，牵引价值创造，是作为主管需要重点思考的问题。

【案例1】

华为某代表处本地员工C经验丰富，曾担任某运营商高级客户经理长达20年，在某运营商人脉资源丰富，特别是在客户总监层面影响力较大。作为高端人才招聘进入代表处之后，由于经验和能力较突出，员工C很快便被提拔为P系统部主任。

员工C任职P系统部主任期间，虽然工作尽心尽力，创造出一些成绩，体现了自身价值所在，但不断暴露出其作为主管缺少全局观、开放性较差的问题。一方面，员工C紧抓客户资源作为自身职业资本，忽略团队成员在客户界面的成长，特别是对于中方团队成员在客户关系拓展方面非常抵触，导致客户界面被人为收窄，团队运作也被撕裂成中方、本地两张皮，代表处很多战略诉求及项目策略均无法有效落地。另一方面，由于C在业界打拼已久，自恃对于通信行业理解深刻，故步自封，很难听取周边意见，特别是对于新产品、新方案、新商业模式缺乏学习意愿，简单认为客户关系包打天下，导致整个团队长期依靠其历史客户关系吃老本，较长时间内无任何新突破项目，虽然短期绩效达标，但长远来看严重拉低团队整体士气。此外，员工C

作为主管期间，过于强势，缺少妥协意识，时常将自己放到周边合作部门的对立面，导致周边合作部门投诉频繁，直接让P系统部陷入孤立境地，严重影响业务目标的实现。考虑到员工C所带领团队的客观业绩，代表处管理团队反复与其深入沟通，希望有所改进，但收效甚微，最后代表处被迫强行将员工C从运营商系统部主任转岗为企业网客户经理。

【案例2】

某代表处中方员工A，在海外客户线工作了近7年，经验丰富，调动至D系统部任职高级客户经理，接受本地员工C领导。由于主管C在客户关系开放性上做得较差，而且D系统部无线、IP Core作为主航道业务均由主管C亲自负责，考虑到之前两任中方客户经理均未能做出成绩而被调离，最终代表处明确安排中方员工A只聚焦D系统部终端业务拓展，暂不介入网络侧业务。

然而，终端业务一直是D系统部的"盐碱地"，特别是手机领域客户认可度极差，合作意愿非常低。员工A在业务拓展过程中，也确实暴露出诸多问题，如与主管C在客户界面上的冲突、与终端业务部门在业务配合上的分歧、与客户终端业务合作的诉求难以匹配等，导致员工A半年业务结果不尽人意，员工A本人工作积极性也受到较大打击。

代表处领导在对员工A半年价值评价过程中，一方面看到员工A的客观结果不理想，另一方面考虑到员工A"洗盐碱地"的挑战性，以及一些关键业务动作的达成情况。出于全局考虑，虽然从短期经营角度来看暂时未能达标，但需要对员工A适当保护，因此代表处最终给予员工A半年考评B+，同时在奖金方面也进行灰度处理，目的还是要以牵引员工A以结果为导向，尽快实现业务突破。

代表处绩效考评以及奖金分配充分体现了对员工A的激励，极大地鼓舞了员工A的斗志，也促使员工A在工作中不断反思自己，要更加开放地与本地主管C配合，同时以业务达成为导向，适当地妥协，最终员工A成功地把主管

C、代表处领导、业务部门拧成一股绳，力出一孔，扭转了不利形势，赢得了客户的信任和支持。D系统部终端业务实现了质的飞跃，订货量同比增长近226%，手机市场份额从1%跃升至8%，高中低各档机型全线突破，有力支撑了D系统部年度整体订货量及收入目标的完成，同时员工A也因此得到代表处的肯定，获得了新的职业发展机会。

"开放、妥协、灰度"是管理者面对矛盾时的管理智慧，是管理者基于核心价值观面向全局角度的一种平衡，是促进员工及团队更好地进行价值创造的重要手段。

第一个案例，员工C作为管理者，缺乏全局观，没能灵活运用"开放、妥协、灰度"，削弱了团队整体价值创造的积极性，影响了个人职业发展。针对类似员工C这样的外方主管，需加强企业核心价值观的传承，避免本地员工因文化背景不同所导致的差异，加强中方、本地团队的进一步融合，力出一孔。

反观第二个案例，代表处管理团队基于实际情况，能够对"洗盐碱地"的员工进行保护，通过对"开放、妥协、灰度"的合理应用，在员工最为困难的时期及时给予肯定和激励，有效激发了员工斗志，并牵引了最终绩效的达成。

口服心服、随时随地

沟通到位了，企业的绩效管理问题就解决了一大半。

沟通过程中应尽量避免的问题

（1）定义不明确，主管和员工没有达成共识。

（2）评价关注的是过去，而不是现在和将来。

（3）评价侧重于谴责，而不侧重于问题的解决。

（4）评价过于注重表格的填写，而忽略了沟通的过程。

（5）主管掌控了评价的过程，而不是与员工共同控制此过程。

（6）对绩效的看法太狭隘。

（7）主管缺乏实施评价所需要的技巧。

（8）评价工具过于一般，缺乏特殊性、针对性。

沟通技巧、方法和建议

在PBC实施过程中，成功的绩效沟通是绩效考核取得成功并开始下一轮循环的基础；失败的绩效沟通则会使员工对绩效考核失去信心并与主管对立。

（1）主管要取得绩效沟通的成功，最重要的是获得员工的信任。要获得员工的信任，下列沟通技巧必不可少。

①坦诚相见，把考核表当面给员工看，不要藏起来。主管要能开诚布公地与员工讨论工作绩效问题。主管越是隐藏考核表，员工越会对考核结果表示质疑，对考核过程的客观与公正表示怀疑。对员工而言，只要考核是客观、公正与公平的，他们是愿意同主管一起去不断改进绩效的。

②解释给员工听，为何这样考核。如果主管查看过考核记录或者向别人打听过，直说无妨。如果主管完全凭自己所知做的考核，也告诉员工实情。别忘了告诉员工，主管是希望听到员工的意见的，因为主管的考核可能并不完全正确。例如，如果员工的确做过或完成了一些事，主管忘了或根本不知道，作为主管要勇于承认失误，员工亦要勇于纠正。

③记住，考核是暂时的，如果与员工沟通后，主管觉得考核有误，也要乐意去更改。因为绩效考核不仅检查绩效，更重要的是不断推动绩效的改进，主管要鼓励员工再接再厉。

④摘述要点。讨论完毕，主管需要与员工一起回顾、浏览或重述要点，并给他一份相同的资料。这有利于员工明确自己在工作绩效中的问题，扬长避短，让每一次绩效沟通成为新一轮绩效提升和改进的起点。

（2）针对绩效沟通，还有一些其他好的方法与建议。

①鼓励员工的参与。

②认真聆听员工的看法和意见。

③关注员工的长处。

④谈话要具体，使用客观化的词句。

⑤保持平和的态度。

⑥谈话是双方的沟通而非演讲。

⑦不做假设和提前判断。

⑧简单地总结一下对员工的总体评分或评价。

⑨讨论评语对双方的意义。

⑩认真聆听。

⑪鼓励员工提出对你的评价的反应。

⑫激励员工提出自己的看法。

⑬积极倾听，提出开放式问题。

⑭应用聆听技巧。

⑮与员工一起制订计划，就行动的实用性询问员工的意见。

⑯安排后续会议来检查并做辅导。

⑰以积极的态度结束讨论。

绩效沟通要口服，更要心服

在绩效沟通时，员工对绩效结果的反馈大多比较含蓄，表面看是口服了，但心里真正服了吗？如何通过绩效管理更加科学地进行价值评价，并通过合理的价值分配,去激活组织创造更多的价值,是每个管理者需要深入思考的问题。

C负责×运营商的传输产品拓展,由于×运营商投资下滑,尽管C平时兢兢业业,但最终未能完成年度订货任务,格局竞争等表现一般,年度考评为B。而C认为自己没有完成任务,主要是由于运营商投资下滑的客观原因导致的,自己平时很努力,不应该只是B。

口服但心不服,问题出在沟通环节吗?显然不是。对照绩效管理的内涵和方法,回顾C的实际工作,主管最后发现在目标制定、绩效辅导等多个环节都出现了问题:首先在目标制定阶段,C负责的运营商投资下滑,目标制定时应给予适当的调整。其次在绩效辅导阶段,C的主管平时对员工的绩效辅导做得较少。尤其在订货任务难以完成的情况下,主管没有与C参考运营商市场经营、网络等数据,没有共同挖掘新的机会点,最后眼睁睁看着C没有完成订货任务。

众所周知,华为"以客户为中心、以奋斗者为本"的文化是落实到考核激励制度的操作细节中的。科学的价值评价能形成高绩效文化,并持续不断地实现绩效改进、人均效益增长。

针对上述案例中的问题,在绩效沟通阶段,主管要做到有效的绩效管理,需要从"秋后算账"到"实时沟通"。通过实时沟通,才能够排除员工心中的迷茫,实时调整员工的工作内容。对于整个部门来说,也只有通过实时沟通、及时鼓励,才能创造更好的组织氛围,大家齐心协力达成共同的目标。

沟通例行化、常态化、零碎化,随时随地

作为主管,当然知道在绩效管理中,绩效沟通是绩效管理环节的必修课、常修课,但由于工作中这样或者那样的原因,往往会让原定的绩效沟通延期、改期，甚至取消，这难免会对组织目标及个人目标的实现造成不当的影响，甚至错失良机。

为便于绩效沟通，企业要建立多种形式的沟通渠道与平台，如企业微信、OA系统、内部刊物、工作邮箱等。表7-1列出了企业常见的绩效沟通渠道与形式，其适用范围和频次不尽相同。多渠道、多形式的沟通有助于绩效问题的快速解决，有利于员工快速获取资源与帮助，提高对工作的响应与执行能力。

表7-1 企业常见的绩效沟通渠道与形式

序号	渠道与形式	沟通方向	适用范围	频次
1	日常经营工作会议	双向沟通	企业高管与中层干部和部分员工的沟通	例会每周1次；月度工作例会每月1次；季度经营分析会每年4次；战略分析会每年1~2次
2	工会座谈	双向沟通	企业领导与部分员工间的非正式沟通	不定期
3	企业微信	双向沟通	企业全体员工	实时
4	企业公告栏、宣传栏	双向沟通	企业全体员工	不定期
5	工作邮箱	双向沟通	企业领导与员工间的非正式沟通	实时
6	内部刊物	双向沟通	企业领导与全体员工间的沟通	每两月1期
7	OA系统	自上而下	企业领导与全体员工间的沟通	实时
8	总经理24小时信箱	自下而上	企业全体员工	不定期
9	企业官网	自上而下	企业全体员工、客户、供应商和合作伙伴	不定期

（续表）

序号	渠道与形式	沟通方向	适用范围	频次
10	媒体沟通	自上而下 双向沟通	企业全体员工、客户、供应商和合作伙伴	不定期
11	相关方会议	双向沟通	客户、供应商和合作伙伴	不定期
12	400 电话	自下而上	全体员工、客户、供应商和合作伙伴	不定期

绩效沟通讲究时效性，更强调随时随地。

沟通要及时，可以多一些非正式沟通，其最大的特点就是不受时间限制。当沟通顺利时，每次其实只要3～5分钟或十几分钟。非正式沟通的另一特点是不受地点的限制，甚至可以发生在电梯、走廊、茶水间。

沟通要有效果，很重要的一点就是不要泛泛而谈，要聚焦有助于创造价值的建设性行动：该做什么？能做什么？要做什么？非正式沟通是正式沟通的前奏与铺设，年度的正式会谈应该只是总结。

移动互联时代最典型的特征就是时间的碎片化与办公地点的移动化，作为主管，也应充分用好互联网工具，微信、钉钉一个不能少，最大化地与员工进行绩效沟通与协调，这样才可以最大化地保证PBC系统的高效运行。

主谈绩效、因材施教

绩效沟通应主谈绩效

绩效沟通的本意是帮助员工找到绩效实现过程中的问题与困难，找到影响员工绩效完成的关键因素，帮助员工。绩效沟通的出发点是向善的、给予的，而不是批评的、指责的。

在绩效沟通中最常见和最糟糕的错误或许就是从个人因素方面追究员工绩效差的根由。

绩效沟通要因材施教

理想的绩效沟通应当是主管与员工就PBC的完成情况逐项沟通,双方达成一致意见,员工针对绩效中的不足方面制订进一步改进和提高的计划,并根据企业绩效现状,确定职业、能力发展计划。

绩效沟通也是一项针对性极强的工作,针对不同的绩效沟通对象所采取的策略与方法也不尽相同,作为主管,要因材施教,开展员工沟通培养。

通过合理的价值导向传递,进一步激发团队活力,是主管需要研究和实践的一个重要课题。识别团队短板,并利用管理手段和工具来补齐短板,也是主管日常工作中的挑战。

员工×进入公司前就职于一家知名外企,加入公司3年左右,技术能力较强。就其技术能力而言,确实符合公司的任职评价。主管利用与其他员工沟通访谈的机会,对员工×的情况进行了侧面了解。通过周边同事的反馈,得到的信息汇总如下:

(1)部门其他同事对员工×的技术能力都较为肯定。

(2)员工×在工作中态度较为消极。在工作过程中仅关注职责范围内的工作,不愿意跨前一步,主动性稍欠。

(3)与他人沟通时态度较为生硬,较少考虑他人的感受,团队合作较为困难。

在了解了更多的细节之后,主管立即启动了员工例行的绩效沟通。考虑到员工×的接受度,若要达成效果,必须和员工×进行深入、坦诚的沟通,以便对根因进行分析,找出问题的症结,制定针对性的辅导策略。在整个沟通过程中，主管尽力以开放的心态来吸收、消化并理解员工的想法。

在解决这个问题前，需要考虑是什么原因导致员工×职级相对较高而贡献度不理想，或者要用什么样的方式来进行辅导培养，从而补齐团队短板。

考虑到员工技术能力较强，可以主要从技术层面沟通员工对于网络的看法，找出双方对于技术方面的认同点，加强双方的理解和信任。至于项目交付运作和团队合作的沟通，主要以倾听为主，从而了解员工的行为和想法，判断其真实想法和心态。

以前面两个阶段的沟通为基础，结合组织对员工的要求，咨询员工×就项目交付运作等方面的意见，沟通期间不对员工表达的任何意见进行判断。

把员工×由原相对边缘的项目位置推向核心位置，使其承担更多的职责，充分发挥其专业能力的特长，并让该员工直接参与项目，协助其解决一些原来无法处理好的问题，鼓励员工×持续改进。

通过三个月的参与式绩效沟通与面谈，员工×的工作方式发生了巨大的变化，加上其本就具有较好的专业素质，整个项目开始步入良性循环。在团队内各项交付工作、技能传递、客户沟通和跨专业团队合作方面，员工×从原来被动状态转变为主动状态，其信心得到了加强，客户和周边团队对其评价也较高。结合员工的工作表现和其在考核期间对团队的贡献，员工×被评为高绩效员工。

这是一次成功的绩效沟通，也是一个着眼于绩效、因材施教的典型案例。

找准问题的关键所在是绩效沟通的前提，没有这个前提，绩效沟通只能浮于表面，不能解决实际的问题。

以开放的心态来包容多元文化，仔细聆听员工的个人想法，求同存异。对员工的不同特征需做充分的识别，不同的人采用不同的辅导方式，要因材施教。企业的员工绝大多数都会认同企业价值观并愿意为之奋斗，绩效不理想大都是因为能力暂时欠缺或工作方法不对。尊重员工并真诚地帮助这些员工成长,最后实现整个团队的进步,是作为员工上级主管的责任和义务,主管必须尽自己最大的努力做好。

绩效沟通是保证绩效管理落实、落地、有效的重要举措,微软、谷歌等公司多年来一直都在努力推动持续沟通,很多企业开设绩效面谈与沟通培训课程,要求所有管理层参加。谷歌的培训课堂上会发给经理们"绩效和发展讨论指南",指导经理如何进行绩效面谈与沟通。绩效管理中,所有企业都应在绩效沟通或绩效面谈上给予足够的重视,为一线经理或主管提供更多的培训与指导,尤其是新晋升的主管,这是一门必修课程。

九字真言

- 去年我们部门的销售额很差,只签了一个项目,必须有一个人绩效考评为C。你最年轻,受点儿挫折对你日后的成长有利……
- 你性格内向,不太爱说话,没有听见你在这个集体里的声音……
- 你的绩效考评是B,你刚过了试用期,人也比较努力,家庭条件也挺好……
- 你的绩效考评是×,我争取了,但这是相对考评的结果,我也没有办法……

员工非常关心为什么得到这个考评结果,而一些主管随意的、似是而非的绩效沟通会让员工更加困惑,以其昏昏使人昭昭,结果可想而知。做好绩效沟通,主管需要记住"给依据、说优势、有期待"九字真言。

给依据

所谓给依据,就是向员工解释绩效评价等级的原因,让员工知道为什么会得到这个绩效结果。

第七章 PBC绩效沟通与辅导

首先，围绕PBC绩效目标达成情况和差距、判断标准和方法，准确反馈评价依据；其次，基于集体评议的绩效导向和评议规则，讲清楚绩效评价要点，通过具体的事例，解释给予绩效评价某个等级的原因。最后，强调绩效是员工在本岗位担负责任的有效产出和结果，绩效评价和沟通都要坚持责任结果导向。使用绩效语言进行沟通，不要谈员工非绩效的因素，不应引入性格、潜力、素质、资历、加班、性别等与绩效无关的因素去说服员工，这样反而会导致员工的不满。

绩效沟通对事不对人，围绕绩效事实进行沟通，准确反馈评价依据、不足及期望。

主管在绩效沟通中要聚焦于事，而不是人。主管可以说："我们一起回顾你上半年业务目标的完成情况。在××项目交付方面，前期你做的项目计划很详细，非常好，但在计划监控方面有些不到位，你错过了几个关键的检查点，比如××和××。"或者也可以这么说："由于你前期的关键点检查没有按时完成，后面的软件调试就没能正常开展，导致我们的整体工期都向后拖延，客户对我们的意见很大……"但是，要避免使用"因为你的回复慢""因为你的态度不好""因为你的反馈不及时"等措辞。

HR在绩效沟通中更要注重对事不对人。HR部门与业务部门在绩效沟通时较易形成矛盾与冲突，很大程度上是由于HR部门不太懂业务，而业务部门也较少与HR部门主动沟通。

"刘升，你们人力资源部凭什么和我解除合同？"市场部小W走进刘升办公室，怒气冲冲。

"马总不告诉你了吗，不能胜任工作。"刘升也没好气。

"笑话，你们说不能胜任就不能胜任？证据呢？"

"你们马总安排你洽谈SS项目平面广告的事，你一直没有谈妥。这个月网站的PV（Page View，页面浏览）量也不达标。当然不胜任了。"

"谁还没有一两件不成功的事，何况是做业务，仅凭这两件事就与我解除合同，你们人力资源部太小题大做了吧。"

"还有，你说我不能胜任，这个季度我的考核等级可是B，算不上优秀，但你有什么理由说我不能胜任呢？"小W悻悻地走了。

几天后，小W给刘升发了一则短信："我咨询了律师，我没有不胜任工作，而且我的考核等级还是B。如果要强行解除合同的话，那公司就是非法解除，赔偿需要双倍。"

刘升开始犯难了。

上述案例中，人力资源部犯了一个在绩效管理中最基本的错误，那就是越俎代庖，替他人做评价。业务部门人员的考核本来是业务部门负责人该做的事，人力资源部只需要拟定规则，监督各个部门按规则、流程办事即可。人力资源部不可轻易地对他人做出评价，更不能拿某个具体的事件评头论足。当遇到较真的员工时，人力资源部就百口难辩、自讨没趣了。

说优势

所谓说优势，就是要找到员工表现出色的绩效行为，鼓励好的绩效行为持续出现。

用人所长，通俗地说，就是找到用人所长的"长"是什么，即我们常说的优势。主管经常陷入一个误区，那就是盯着员工的不足和短处不放，表面上说让员工改进和提升，实际上却盯着员工的短板，这样只会增加员工的挫败感，降低员工的自信和士气，而对于改进和提升绩效的作用非常有限。

除了致命的短板员工必须改进，还应当让其尽可能地发挥优势，达到事半功倍的效果。绩效管理就是要不断地强化员工好的绩效行为，减少员工工作短板的影响，而不是把短板改成长板。

主管在做绩效沟通时，要努力发现员工好的绩效行为，并帮助员工认识到自己好的绩效行为。例如，主管可以说："小A，我观察到，在你前期与设计、测试人员进行讨论时，考虑得很全面，后期代码简洁高效，问题清单明显减少，测试的同事对你代码的评价很高，做得很好，值得大家学习！"

在绩效管理中，主管应更多地关注优势理论，而不是传统的短板理论。如果主管连员工好的绩效行为都无法发现，谈用人所长本身就是一个笑话。不断强化员工好的绩效行为，让好的绩效行为重复出现，集腋成裘、聚沙成塔，发挥优势。反馈和强化员工的优势是绩效结果沟通中非常重要的一部分，也是用人所长的起点。

有期待

所谓有期待，就是面向未来，让员工感知到期望、机会、成长等，愿意在新的绩效周期承担更大的责任。

绩效结果是对上一个绩效管理周期的评价，已经成为历史。对于主管和员工来说，面向未来，如何提升员工绩效，才是更加现实的选择。主管在绩效沟通中，向员工展现更大的愿景、可供选择的机会、可提供的帮助，让员工结合自身特点和期望，多一些选择和发挥的空间，最终在下一个PBC周期中实现目标。例如，主管可以说："我们马上要启动××项目，有××等几个关键技术点，你也可以提前思考一下你适合做哪个，或者哪个有助于提升你的能力，我了解你……在后续分配任务时，我会尽可能地满足你的要求。"

绩效沟通要做到激励员工改进，帮助员工成长。主管应牢记"给依据、说优势、有期待"九字真言，让绩效沟通言之有物，有理有据。绩效沟通说难也不难，关键在于主管是否用心和践行。当然，在绩效沟通过程中，尊重、坦诚和同理心等人际互动的基本准则也是应当遵守的。

PBC绩效辅导

管理者除了必要的绩效沟通,另一项重要的工作就是绩效辅导了。

什么是绩效辅导

绩效辅导是指主管与员工就员工的工作进展提供连续性的辅助和指导。在主管与员工之间应该有不间断的沟通和反馈,有明确的、正确的工作态度和行为,以了解员工的工作进展。绩效辅导可以在任何时候以正式或非正式的方式进行。正式辅导是通过主管和员工之间的正式谈话方式进行的,谈话前主管必须充分准备,收集信息时尽量客观。非正式辅导同正式辅导有相同的目的,但通常是在日常的工作环境中以灵活的方式进行的。

绩效辅导中主管如何做

在绩效辅导中,主管应明确、清楚地告诉员工到底做了些什么,用实际的例子,而不是简单概括,用客观和明确的词语描述。

在绩效辅导中,主管可以直接地表达感觉或对绩效现状的反应,用平和的语气去表达,并询问对方的感觉或反应,征询看法或建议。主管的询问不宜直接用批评或没有说服力的语言。

在绩效辅导中,主管要询问员工的意见或提出认为应该继续的行为或要更改的行为,建议要具体,针对个人行为而非其个性。

在绩效辅导中,主管要向员工指出行为改变后的积极效果,对个人带来的好处。

消极的绩效反馈示例和积极的绩效反馈示例

消极的绩效反馈示例

"王强,你可真懒,你这是什么工作态度呀。"

"王强，最近三天，你连续迟到，能解释一下原因吗？"

"小李，你的工作真棒！"

"张华，你在上次会议上的发言效果不好，这次发言之前你是否能先给我讲一遍。"

"李明，我感觉你这个人有点儿保守，你很少与其他人沟通信息。"

积极的绩效反馈示例

反馈要着眼于积极的方面，尽量避免负面反馈。

"小李，我对你昨天的安排非常满意，使我们昨天顺利地拍摄到这条新闻，并在当天播出。"

"张华，你是否能把准备的发言先给我讲一遍，这样可以帮助你熟悉内容，使你在现场更加自信。"

"李明，如果在每周的例会上，你把这个栏目的策划进展情况与我们分享一下的话，对我们会有很大的帮助。"

如何处理绩效辅导中的负面反馈

在绩效辅导中，当需要进行负面反馈时，主管应学会如何应对处理：

（1）耐心、具体地描述员工的行为（所说、所做）。

（2）对事不对人，描述而不是判断。

（3）描述这种行为所带来的后果。

（4）客观、准确、不指责。

（5）征求员工的看法。

（6）聆听，从员工的角度看问题。

（7）探讨下一步的做法。

（8）提出建议及这种建议的好处。

良好的绩效辅导是价值创造的有效驱动力

价值创造是源头，只有有效激励团队进行价值创造，企业才能持续发展。那么怎样才能有效驱动价值创造呢？答案是，进行良好的绩效辅导。

华为某业务集团，2014年团队成员数量增加65%，绝大部分为社招员工，各种思想和工作习惯的碰撞给管理增加了一定的挑战。解决方案是与新员工多交流，让新员工快速融入。主要方式是，目标和导向对齐，牵引团队价值创造，通过绩效辅导的有效执行，驱动价值创造。通过双向沟通，全面了解员工个人在价值创造上的真实贡献，给出合理的价值评价和价值分配，驱动价值链（价值创造、价值评价、价值分配）的良性循环。

部门员工小G，综合素质和绩效贡献较好，其因为DX客户群负责人调至其他代表处担任部门主管而被火线选拔紧急上岗。当面临业务量突增和其团队新员工较多的问题时，小G如何快速胜任新的岗位是最大的问题，否则DX团队根本无法高效地进行价值创造。

在绩效目标设定上重点牵引客户群经营、项目群交付、团队建设等。DX客户群的绩效审视和绩效辅导采用"项目制"运作，主要推行"3+1"管理举措：1个业务运作研讨会（分工要合理）、1个日报（细节要把握）、1个月度绩效分析会（目标要保障）、1个季度述职（成长要加速）。通过以上手段及时发现了该客户群管理混乱和效率低下、项目运作不规范等主要问题，适时充分的审视和辅导在帮助小G快速成长的过程中发挥了关键作用。虽然在此过程中也出现了不少问题，但最终小G在价值创造上的表现是超出预期的，客户网络质量大幅提升，真正支撑了DX客户群的市场发展、收入增加和用户体验提升,总经理、副总经理、运维部经理等TOP客户都给予了高度评价;客户群经营指标全部超额完成目标,规模和利润提升明显;通过项目的训战结合,带领新员工快速成长,建设了一支能打胜仗的队伍,客户及周边部门高度认可。

DX客户群重新审视PBC绩效目标制定的内容与标准,发现有部分权重不合理及考核标准不清晰的问题,结合新员工反馈的沟通频度不够的问题,立即制定相关的整改措施:

(1)召开PBC绩效目标刷新启动会,全员参与,结合代表处、部门、周边业务层层分解,优化各岗位PBC框架(考核内容和权重),然后要求每个员工刷新PBC绩效目标初稿。

(2)PBC绩效目标初稿集体评议审核,目标和评价标准无异议后定稿。

(3)制定月度双向沟通机制,纳入执行力考核。

(4)季度考核输出,公布"赛马"结果,并进行针对性辅导,及时纠偏。

(5)深度考核沟通,针对优缺点有效激励员工持续创造价值。

通过PBC绩效辅导帮助员工成长

与员工共同制定PBC绩效目标,并对其加以有效辅导,对于员工和其所在部门有着以下意义:

(1)能够指导员工合理设定挑战目标。

(2)提升员工工作效率。

(3)帮助部门改善经营指标。

(4)培养员工流程创新能力,为团队创造价值,使员工得到成长。

部门员工M是办事处负责某运营商网络产品销售的客户经理,个人优点是聪明，客户关系扎实，业务能力也比较突出，是部门有意培养的重点人才；缺点是不善于主动思考问题，对自己的工作挑战不足。为了帮助其进行短板的改进，同时改善部门经营指标，准备从他所提交的PBC绩效目标入手对其进行辅导。在其提交的PBC绩效目标中发现，其制定的PBC绩效目标几乎没有什么挑战性，初稿内容不饱满，填写有些随意。对各项目预算、风险和行动计划没有进行细化分析，仅仅是对部门PBC绩效目标数据的简单分解。员工M虽然上半年完成了订货、回款、收入的指标，但是在借货转销、借货存量等指标上没有任何改善。所以针对其递交的PBC绩效目标，主管与员工M进行了第一次沟通。

在主管第一次和员工M沟通时，首先对其上半年工作做了肯定，询问了其近期生活上有哪些困难，员工M也表达了对代表处、部门的培养和生活上照顾的感谢。随后主管与员工M沟通了关于PBC绩效目标中运营效率提升和经营指标的问题：

- 对完成季度任务重点支撑项目都有哪些困难？
- 每个项目的把握度有多高？
- 每个项目把握度是如何确认的？各项目风险有哪些？
- 如果要规避各项目风险，有哪些关键动作要做？
- 对于肯定能够签订的项目合同在流程上是否可以提高合同签订效率？
- 根据项目实际情况是否可以设定更高的经营指标？

主管还表达了希望员工M在团队内要起到标杆的作用，也希望他参与到部门经营指标的改善中来，希望他能够作为主管的后备力量主动去帮忙思考流程优化、效率提升的问题。

员工M认为他所负责的项目几乎都能签订合同，仅仅是时间的问题，所以在填写PBC绩效目标时较随意，也没有针对具体指标组织相关产品和服务进行细化和分析，仅仅是为了完成PBC绩效目标的上载任务。他自己认为，只要做好具体工作就行，没必要主动思考其他问题。

通过这次沟通，他也做了PBC绩效目标下一步的改进计划：

- 获取客户预算，重新审视订货指标。
- 和产品、交付部门碰头，详细梳理各项目风险，输出行动计划。对于有100%把握度的项目确保颗粒归仓，同时重点关注把握度较低但意义重大的项目，提升订货支撑基数。
- 重点关注借货周期长、借货存量大的项目转售。
- 提升与办事处销售管理部、财务部沟通流程效率。

两周后，主管收到了员工M修改后的PBC绩效目标，看得出是经过员工M认真分析后制定的，员工M对各项目预算、风险和行动计划进行了细化。主管根据员工M修改后的PBC绩效目标，双方进行了第二次沟通。

主管首先对他修改PBC绩效目标的认真程度提出了表扬，同时也赞同他组织与周边部门对PBC绩效目标指标进行讨论。员工M也表示，通过分析和讨论，自己对项目信息更清晰了，对目标实现也更加有信心。

员工M重新提交给主管的已经是一个非常完整的PBC绩效目标，不但给自己设定了挑战目标，而且做了一个附件，对完成挑战目标制订了下一步的计划；每个计划都有具体的责任人和时间点。更值得表扬的是，他通过与财务部、销售管理部的沟通，认为常规借贷合同可以通过框架加订单的模式与客户签订，这样可以有效减少合同转销时间，缩短回款周期。

第二次沟通后，员工M所负责的网络设备合同流程大大优化，时间比上半年缩短20天，回款周期也提前了10天，而且部门当年网络侧订货、回款、收入都增加了20%，框架加订单模式的落地使团队拿到了地区部交易质量改善奖。员工M本人当年年度考评也取得了A。

本案例的启示：

- PBC绩效目标不能是指标的简单分解，主管要与员工进行充分沟通，共同制定合理的挑战目标。通过PBC绩效目标的过程辅导，让员工掌握主动思考能力和部门协调能力，提升员工综合素质。

- 挑战目标的设置一定基于项目支撑、基于行动计划，强压的话，员工容易产生抵触心理。

- 主管要有足够的耐心，必要时要有数次的沟通，最终使员工由内向外建立认同，使得PBC绩效管理工具的作用得以发挥，提高部门绩效。

在PBC实施过程中，绩效沟通与绩效辅导是高绩效输出的保证，是企业构建高绩效团队的基础。员工只有通过PBC绩效目标的拟定与执行，不断认识并对齐组织目标，认识到自我价值与责任，才能发挥自己最大的价值和作用。

PBC绩效辅导案例

在2011年上半年绩效评议过程中，某部门员工A由于其所服务产品的研发版本出现较多质量问题，在核心层（Core Team，CT）领导评议后给予C的绩效评价。在绩效沟通过程中，员工认为虽然研发版本出现了较多的质量问题，但是他在其他方面做了较多的工作，所以不认可绩效评价结果并提出调部门的要求。

在此过程中，人力资源业务伙伴（HR Business Partner，HRBP）再次召集了CT领导会议，并且针对其岗位所承担的岗位职责和责任结果进行了复议，CT领导一致认为虽然其在很多方面做出了贡献，但是基于其岗位要求和实际的责任结果，按照绩效排序和对比，维持其为C的绩效评价。随后，HRBP和部门主管再次跟员工沟通，经过沟通对齐，员工认可了相关评价。

下半年，由于部门组织调整，该员工被调入LLX团队工作。根据LLX对该员工的了解，该员工的关键技能及自我学习能力还是相当不错的，但是在沟通对齐、方向把握、价值认识等方面存在着较大的差距，因此，针对该员工的特殊情况，LLX在他调入后针对其进行了详细的辅导工作。

第一，在工作方向上，安排其与业务人员进行充分的调研和沟通，部分关键过程LLX亲自参与，并帮助其对齐方向和思路。从业务现状、业务诉求、业务范围、业务工作流等各方面对齐业务方向，并且每周和他对齐确认一次，确保工作方向符合业务价值导向。

第二，将其下半年主要工作进行项目化运作管理，并在LLX的上一级进行立项管理。由于支撑部门的很多工作很难量化，通过项目原型评审和集体评议，借助集体的力量，确保目标清晰可控，同时确保周边投入的资源匹配。

第三，组织工作务虚会，帮助他确定项目交付架构，从框架上确保项目整体符合业务目标的要求，避免后续大规模的返工。

第四，对于项目的具体设计细节，充分发挥其能力。在讨论中尊重其意见，并且只要在LLX认为合理或者未影响业务价值的情况下充分采纳其意见。

第五，在外部资源协调和计划对齐中，充分维护其发言权，帮助他获取周边资源，协助对齐目标。

第六，小步快跑，快速对齐。每双周进行进展对齐，确保项目顺利进行，同时在平时的走动管理中及时协助其解决问题，避免问题堆积。

经过半年的努力后，该员工成功完成了下半年主要工作的挑战目标，为业务部门产生了很好的价值，其本人也在年底的绩效评价中经上一级管理团队一致评议为A。更重要的是，该员工的能力得到充分发挥，并且在后续的工作中持续提升，使团队的组织能力积累进入了良性循环，经过将近两年的建设，团队效率得到了大大提升。

第八章

PBC绩效评价

华为30多年来持续快速发展，与其对企业价值链全过程的有效管理息息相关。价值链由全力创造价值、科学评价价值和合理分配价值三个核心组成，这三者相互渗透、相互作用、循环往复，也常称为价值管理铁三角。在价值管理铁三角中，全力创造价值是员工获得价值的源头，合理分配价值是后续持续创造价值的基石，其中间环节——科学评价价值在整个价值链中承上启下，贯穿全程。

科学评价价值是绩效管理有效运行的保障，是绩效管理的重中之重，PBC绩效评价坚持责任结果、价值导向。

本章将提供9个实用的价值评价方法，为科学的价值评价提供多维度、全方位的管理参考。

绩效评价与绩效评价矩阵

绩效评价概述

绩效评价是对绩效的完成评价和结果应用。绩效评价也是主管对员工绩效完成情况的沟通、评审、评估的过程。在这个过程中，主管和员工需要讨论与员工的工作目标和职位要求相比，该员工的实际工作绩效和能力表现。

正式的绩效评价应该在主管与员工之间进行。主管周期性地审核员工的工作计划，确定该员工在何种程度上达到工作目标。主管和员工共同评价该员工现有的能力，并且确定该员工在考核周期内各种评价要素的结果与成绩。在评价的会议上，讨论应该侧重于对以前目标的建设性回顾和未来考核周期内的工作目标。主管应该指导或引导讨论过程，就员工的绩效与要求具备的能力提供反馈。

评价中的面谈应该为员工创造一个机会，去共同讨论员工短期和长期的职业发展目标。员工应该利用绩效评价的机会与主管讨论自己关心的问题，以及达到目标所面临的障碍。员工和主管都应该在完成的绩效评价表格上签字认可。

（1）在绩效评价阶段，作为主管，需要：

- 综合收集考核信息，结合关键事件记录，公正、客观地评价员工。
- 诊断员工的绩效，拟订下一阶段的绩效目标实施计划。

（2）在绩效评价阶段，需要明确的问题包括：

- 考核结果是否应该有比例控制？如果没有，请说明原因。
- 主管在考核中存在什么问题？怎样才能做好考核评价工作？
- 考核的真正目的是什么？
- 考核比例如何设置比较恰当？
- 应该从哪些方面对员工进行考核？

绩效评价一定不是简单地给员工一个考评的结果。作为主管，其使命就是确保员工的目标达成，主管要学会有技巧地告诉员工差距所在。

绩效评价的原则

（1）评价结果量化。实行业绩评分制，直接与绩效奖金挂钩。

（2）评价要多维度。直接主管评价主导，直接主管的上级主管有审核权与要求重审权。

（3）基于责任结果。PBC的绩效评价是基于责任结果和价值导向的。

（4）评价结果多用。绩效评价结果将对下一年度的调薪和胜任岗位能力评估及由此带来的岗位调整产生影响。绩效评价要有详细可用的绩效评语，评语不与奖金挂钩，但可作为员工提升、培训及职业发展的参考。

绩效评价矩阵

绩效评价包括两个方面：能力和态度。在绩效评价中，根据员工的工作绩效，以及员工的能力和态度可以形成一个绩效评价矩阵（见图8-1）。

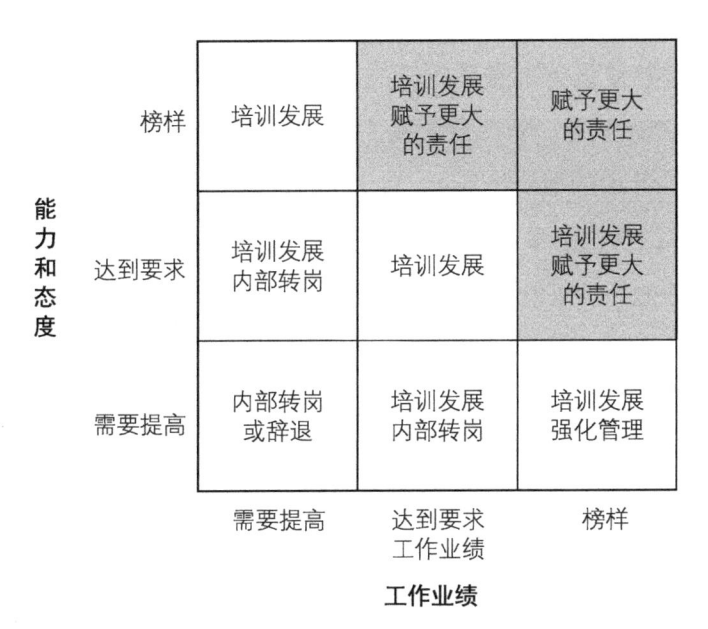

能力和态度	需要提高	达到要求	榜样
榜样	培训发展	培训发展 赋予更大的责任	赋予更大的责任
达到要求	培训发展 内部转岗	培训发展	培训发展 赋予更大的责任
需要提高	内部转岗 或辞退	培训发展 内部转岗	培训发展 强化管理

工作业绩

图8-1 绩效评价矩阵

PBC绩效评价九法

> 我们企业的价值取向是责任结果导向，而不是素质导向——在责任结果面前，人人平等。
>
> （资料来源：任正非关于员工技能考试的讲话，2009年）

评价艺术：清晰与模糊结合

在华为，若绩效评价为A，就会有各种"加成"和"倾斜"，各种回报超出众人一大截。华为的导向就是"为火车头加满油"。若绩效评价为B+，只能算尚可。若绩效评价为B，则代表着很多回报都要受限制。C就更不用说了，"一C毁三年"在华为可不是开玩笑。正是因为这样，员工的差距越拉越大，在利益的驱使下，可能会发生一定程度的扭曲，如在日常的绩效评价中出现互相不配合、抢功劳、过度包装。

绩效管理制度设计本身是失真的。从责任结果到KPI，第一层失真；从KPI到量化的PBC权重，第二层失真；从PBC到考核评价，主管的主观判断，第三层失真；最后的强制排序A、B、C、D等级，第四层失真。每一层失真若按90%计算，从局部来看已经很不错了，但四个90%相乘，结果约为65%。也就是说，绩效评价可能会承担35%的衰减或损耗。

绩效管理寻求绝对的公平很难。

绩效管理属于社会学范畴内的管理学分支之一，社会学本身具有模糊性、主观性的特征。绩效管理中所谓的绩效目标清晰、考核标准明确也是相对而言的，其本身具有模糊性。这种模糊性为其管理艺术的实现提供了可能性，它是管理制度与管理艺术的统一。

（1）考核评价以定量为主，必要时定量与定性兼顾。PBC作为绩效管理工具，在绩效目标设定中，清晰与模糊相结合，除了定量目标，还要有定性目标。定量部分既要有合理性也要有挑战性；定性部分要提出改进类、思考类的工作要求，给予员工一定的主观能动性和发挥空间。

华为的PBC一方面有定量目标，量化责任结果，有明确的任务；另一方面也有定性目标，打开发挥空间，牵引员工的自我管理、自我激励。在绩效评价中，管理者遇到两难的抉择时，可综合考虑员工长期潜力、性情特点、工作状态等多方面因素，权衡考核结果在"鞭策"和"激励"两方面的效用发挥，从而做出合理的绩效评价。

华为某部门H员工投诉,对照自己的PBC绩效目标,每一项工作均已完成,考核结果却是B,对考核结果表示不认同。人力资源部介入发现,对照PBC绩效目标的描述,H员工各项工作均已按要求完成。然而,主管对此员工的工作表现评价是:工作按部就班,没有亮点,欠缺冲劲,跟其他人相比,无可圈可点之处,部门内横向拉通,排序靠后。经与人力资源部沟通,H员工表示:如果因相对评议,横向拉通,自己对本次考核结果B没有其他意见,但自己感到很迷茫,所从事的平台性工作例行且明确,PBC绩效目标也是与主管一起沟通过的,如果继续在原工作岗位,绩效很难有突破。

就考核结果而言,主管理由客观充分,员工的困惑委屈也有理有据。

如何利用PBC这一绩效管理工具去牵引、体现企业的管理导向?可以在绩效目标设定中,除了定量目标,同时辅以定性目标牵引。例如,H员工下一周期PBC绩效目标设定,人力资源部建议:列出数项时间及交付要求明确的工作目标及执行措施要求,同时提出2~3项工作效率、效果改进类要求,达标要求中做出定性的方向性描述,交付措施以方案输出为主。

经过半年的工作,H员工针对PBC绩效目标中的两个业务改进要求,通过与周边部门的深入沟通和研讨,输出了业务改进方案。H员工在全年考评中取得较好绩效。年终人力资源部回访时,H员工更多谈及的是成就感和收获。

(2)考核评价是制度与艺术的统一。虽然绩效评价等级有明确的定义,但实际上它不可能做到完全精准化,总是有那么一部分员工的考评在A和B+,B+和B之间,令主管感到两难,尤其是后者。绩效评价结果除了相对客观地反映员工在过去考核周期内的工作输出质量,同时也承载着面向未来对员工的激励或鞭策。对于考核比例的应用,没有绝对的平衡,但不可回避的是,主管在给出团队成员的考核结果时,的确需要综合考虑很多因素,去做一些平衡。这时候，绩效评价就不单是制度的应用，更需彰显管理的艺术。

比如，X、Y两名员工职级同为15级，从工作完成结果上，绩效排序无明显差异，但因比例限制，需要给出差异化考核结果。主管可综合考虑X、Y的潜力、工作状态等多方面因素进行评价。在给出绩效结果时，同步考虑与员工的沟通准备，有效的绩效沟通往往"功夫在诗外"。

绩效管理是管理科学，也是管理艺术。只有在制度之下，发挥管理智慧，才能让员工在规章之外感受到人文关怀，实现持续的绩效提升。

集思广益：集体评议

"兄弟，我给你争取了，但不行啊，你的绩效是集体评议定的，我也没办法。"

"几个主管在小黑屋中七嘴八舌，就确定了我们的绩效，谁知道是怎么评出来的？"

"集体评议的主管不了解我的工作，他怎么评？"

……

每到绩效评议时，上述对话就不时出现在不同的场合。那么到底什么是集体评议呢？

集体评议的概念

在业界，集体评议被称作校准会议（Calibration Meeting），在直线主管给出绩效初评建议后，由校准会议团队采用一定的程序和方法，集体讨论和决策，给出绩效评价等级。

集体评议的目的

（1）让绩效评价等级在企业具有一致性。

（2）避免偏心、凭感觉和印象，促使绩效评价等级更加客观、公正。

（3）确保员工的绩效评价是全面且准确的，避免无正当理由的解雇、歧视和偏见引起的潜在索赔。

在华为，绩效集体评议由各业务单元的行政管理团队来评议；因为研发体系的组织层级较深，所以基层员工的绩效集体评议更多由研发核心团队来进行。

有效的集体评议

集体评议并不是几个主管坐在一起，随意讨论给出结果。有效的集体评议必须具备相应的程序和规则，需要满足以下四个关键点：

（1）输入材料绩效事实全面，内容准确。

（2）绩效导向和标准理解一致，"书同文，车同轨"。

（3）澄清绩效事实，按照绩效导向和标准进行评议，消除认知偏差。

（4）多维度校准绩效评价符合绩效导向和标准。

绩效集体评议信息

绩效集体评议信息常包括员工绩效事实和主管初评排序。员工绩效事实来源于员工的PBC自评、周边意见信息收集、关键事件记录、项目阶段评价、工作月报/周报/日志等。每个主管记录绩效信息的方式不一样，绩效描述定性也好，定量也罢，只要能够比较全面地反映员工的绩效贡献就好，其他绩效信息可以作为附件进行补充。

在制定PBC绩效目标之前，主管就应该向员工明确团队的高绩效导向和评议规则。"游戏规则应该在游戏开始之前明确，而不是在裁定时明确。"在绩效评议开展前，回顾绩效导向和评议规则，让行政管理团队成员形成统一的绩效语言，再次统一思想、理念和评价标尺，澄清一些常见误区，对相同层级、相似工作性质的员工的绩效标准理解一致，减少主管的标准误差。例如，A员工突破××项目，签单××万元，B员工加班很多……C员工汇报获得了表扬……

年度绩效评议时，员工M和员工W职级接近，工作成果均被部门认同，绩效均较好，但必须评选出B+和B，该怎么选呢？

员工M：担任企业级重大项目A的关键角色，该项目整体难度高，M在此项目上投入一年，长期出差在一线，关键任务成果获得一线认可，一线建议结果为B+。由于项目重要，员工投入大，几个主管也初步感觉可以给员工M评级B+。

员工W：一年中先后负责了3个项目，有时还经常2个项目并行，虽然单个项目难度稍小于员工M的项目A，但3个项目综合起来的绩效结果与员工M非常接近，而且每个项目的完成质量都很高，周边口碑也很不错。

单从责任结果看，两者非常接近，究竟该选谁为B+，如何让评价更科学、公正一些呢？在讨论无法达成一致结果的情况下，绩效集体评议团队展开了进一步调查。

从责任结果看，员工M和员工W确实非常接近：员工M的项目A难度确实很大，但员工W负责的项目涉及3个运营商，交付难度也不低。

从关键行为过程看，两者的差异就出现了。在工作效率上，员工W更高，而员工M则比较依赖项目主管的督促。员工W的任务输出很主动，工作计划抓得非常紧，很少延期，而且推动力很强，这点很受周边好评；而员工M的工作完成及时性则较差，经常需要项目经理和周边人员不断提醒和督促才能输出，项目经理投入支持员工M所花的精力相当大，项目经理也有一定的意见，想了不少办法。

两者工作的输出质量也存在一定的差异。员工W更系统化，输出质量明显更高一些，每个项目均能快速输出相关文档，而且花了大量时间整理了更详细的项目文档，梳理了文档之间的关系，方便后续项目的追溯和查证相关背景；而员工M仅完成了基本文档的输出，没有进一步的总结提炼。

在推动客户与周边关系上，员工W每到一个项目组，总能够跟一线团队和客户团队快速互动起来，运作更加顺畅；而员工M则比较被动，更依赖项目组同事。

在了解清楚绩效事实以后，绩效集体评议团队进行了深入沟通，统一了意见：

- 整体上两者的责任结果基本相等，以考察关键行为过程为主，参考部门绩效导向和团队绩效导向进行评价。

- 员工M的责任结果也不错，但过程输出质量和效率不高，而最终所取得的结果好，也是在占用了项目经理相当的支撑时间、查验补位的情况下达成的。这并非团队希望的绩效导向。

- 员工M克服了更多的家庭困难，长期在一线支撑和奋斗，是值得肯定的，但这种肯定不能简单地靠考评倾斜。最终讨论决定，企业进行员工关怀活动，购买小礼品慰问家人，表达心意。员工M所参与项目的交付经理，也初步同意进行一定的物质激励。

- 员工W高效、高质量的工作方法是部门多次提倡和倡导的，更应该鼓励和认可。

最终，大家一致同意，员工M的考核结果为B，员工W的考核结果为B+。在考核结果沟通环节，按照该结果与员工M沟通，并解释了获得最终考核结果的原因（虽然达成了结果，但是占用了周边人员相对多的辅导和协助资源），员工M也表示认可。

只有更好：相对评议与绝对评议齐上

> 怎么考核主管？大家都干得很欢，部门绩效又好，经常在一起也没有矛盾，你为什么还要否定这位主管呢？我们老说不会带兵打仗，仗已打好了，为什么说人家不会带兵呢？所以我们欢迎我们的土地上成长起来更多优秀的干部、努力的干部。干部的考核也不一定要教条，还是以团结员工、增加价值创造为目标。华为只有一个杠杆，就是通过经济利益及其他激励鼓励你好好干，不然你就拿不到。所以大家好好干，华为就形成了这样一支大队伍。所以要敢于放开，不要老说考核增加了多少成本，为什么不说考核后增加了多少收益。我们强调分享收益、分担风险，保持一个自由弹性的机制。
>
> （资料来源：任正非在基层作业员工绝对评议试点汇报会上的讲话，电邮文号[2012] 15号）

如前所述，企业的各项价值分配措施都和绩效评价结果强相关，绩效评价结果越来越受到员工的重视。对于特别重视高绩效结果的员工，他们很想知道，评价结果为A需要做什么；对于扎实工作的员工，他们很想知道，怎样做才能使自己不是最后得C的那一位。另外，对于一个80多人的团队主管来说，要将组织目标分解到员工，要对每个员工做PBC绩效目标设定和沟通，还要针对员工差异化做PBC绩效辅导，由此会面临工作量大且效率低的难题。同时，主管还需要遵照活力曲线的比例要求，对照员工绩效产出情况，分别评出不同等级，并对绩效结果进行充分的沟通和说明。对处于各比例段临界点下沿的员工，特别是考核结果为C或D的员工，沟通的工作量大且难以让员工信服。这样一来，主管要么对绩效管理的相关动作应付了事，结果自然是非常不利于牵引员工创造更大的价值；要么就是严格按照绩效管理的相关规定动作落实，导致主管心力交瘁，甚至对绩效评价望而生畏。

相对评议和绝对评议

当对同一类岗位员工的PBC完成结果测评时，如果无法通过PBC的定性衡量标准进行较合理的评价，建议主管采用相对评议方式，按照强制比例得出不同员工的绩效结果。

相对评议的核心是人与人之间的比较，尤其是对同一岗位的评议，这种评议方式在岗位职责相当、40人以上的团队中应用效果较为明显。

M地区R团队有40多人，而且人员分散在M地区的各个国家的项目中出差，员工考核周期内主要负责为多个项目提供支持，员工对团队的岗位职责和组织目标认识不足，认为只要做好项目支持就够了。刚开始员工对PBC的制定和沟通不重视。考核者在借鉴P代表处绩效管理的经验和教训的基础上，审视了团队的岗位职责并统一了PBC模板，对齐团队职责和当期目标，将重点工作模块设置权重，并对关键行为的衡量标准进行量化，然后全员集中解读和答疑，明确了考核要求和考核导向。

该团队的PBC绩效目标及时提交率100%，在过程绩效辅导中，员工很清楚当前完成情况和PBC绩效目标要求的差距，并有针对性地改进自己的绩效。通过这样的绩效辅导和绩效审视，员工对绩效考核结果的预期就相对合理。即使排名靠后的员工，在沟通绩效结果时也比较容易接受，无一例申诉。

当然，相对评议并不总能奏效，必要时仍需采用绝对评议的方式。

绝对评议的核心就是人与标准比，根据标准对员工的绩效结果进行评价，不做人与人之间的比较。绝对评议和相对评议最大的差别就在于，相对评议是基于岗位职责要求、员工和员工之间的责任绩效互相比较。在采用相对评议方式时，员工对其他员工的表现是看不见的，只有主管清楚。因此，当主管和员工沟通相对评议结果时，即使员工真的干得相对其他员工很差，由于无明确的标准可比较，员工也会表示难以接受。绝对评议是指按事先规定的考核标准对员工进行绩效评价。

绝对评议有如下几点好处：

- 绝对评议的标准事前明确，公开且量化，便于员工明确考核导向和过程自评。

- 绝对评议是将员工的绩效与标准比，而不是对员工绩效进行相互间的比较，在一定程度上可以降低员工之间的竞争，促进合作。

- 与相对评议比较，绝对评议的考核关系、考核等级、管理过程更加简化，可以有效降低管理成本。

G团队经过2014年H1和H2两个考核周期的绝对评议试点，结果是，评价等级为A和B+的比例是61%，评价等级为B的比例为39%，评价等级为C的比例为0。该试点项目的考核结果比例经人力资源部评定，基本符合活力曲线的比例要求，该绝对评议试点项目获得成功。同时，员工总体反馈，PBC绩效考核要求清晰可见，PBC绩效目标的制定、沟通及过程绩效辅导效率高，绩效改进和评价有据可依，对考核结果认可度高。目前绝对评议已经正式在G团队的2015年H1考核周期内应用。

相对评议和绝对评议优缺点不同，应用场景也不同。绝对评议除了上面描述的若干优点，也有不足之处：基于主管对员工岗位职责和团队目标分解后制定出来的绝对评议标准，容易引导员工将考核标准定为天花板进行价值创造，限制了员工创造标准规定之外的更大价值。

相对评议的最大优点在于，员工可以基于岗位职责的要求，创造出高于PBC绩效目标要求的绩效结果，为企业创造更多价值。

绝对评议的评价结果和活力曲线会存在一定偏差，如何缩小这个偏差并控制在合理范围内，对主管的业务管理和绩效管理提出了更高的要求。一方面要求主管根据岗位职责和业务目标变化来调整考核标准，另一方面要求不能将考核结果和测评结果绝对对立起来，可以先根据绝对评议标准来进行量化测评并排序，然后再结合活力曲线强制考核比例的要求得出员工的绩效考核结果。

主管必须履行的关键行为

无论是相对评议还是绝对评议，作为主管，必须履行好如下几个关键行为，才能真正在用好PBC绩效管理工具的基础上，激发员工积极创造更多的价值：

- 清晰地理解岗位职责和组织目标。
- 关键要点在不同岗位员工的PBC中落地。
- PBC绩效目标制定的沟通必须做到全员百分之百有效沟通。
- 定期的过程绩效辅导。
- 员工需要百分之百地完成中期审视（含绩效目标调整）。
- 严格执行活力曲线的考核比例要求、绩效考核结果的沟通，做好考核闭环。
- 根据新考核周期业务目标的变化优化PBC的考核内容，考核导向更加匹配岗位责任要求。

盯紧目标：主评绩效，兼评能力

员工晋升，能力重要还是绩效重要

晋升主要考察人的能力和岗位的匹配程度，所以应该看能力；绩效反映员工对企业做的贡献，所以应该根据业绩或绩效对员工进行奖励。如果只按绩效进行晋升，被提升的员工可能并不具备新岗位所需的能力，进而产生彼得效应,即被升职的员工在新的岗位上不能取得与过去一样辉煌的绩效。

不同发展阶段的企业有不同的现实需求,对于面对生存压力,还未形成长期发展战略的企业而言,员工的晋升就应该多看绩效;而对于那些具备一定规模,处于稳定期且管理比较规范的企业来说,以能力为晋升依据则更为前瞻。

能力强 ≠ 绩效高,反之亦然

人们往往根据过去的经验和习惯的思维方式,在头脑中形成对人或事物的不正确的看法——能力强的人绩效一定高,这也被称为定势误差。能力一般是指员工的工作表现与行为表现,绩效是员工工作表现与行为表现的结果,在绩效管理中又特指岗位责任结果。实际上,能力强的员工不一定绩效高。在绩效评价中,主管应避免对能力强的员工不依据岗位责任结果和PBC而给予高绩效的评价。

在绩效评价中,主管要去掉工作绩效中"包装"的外衣,对员工的表现和贡献要有深刻的洞察,不仅要认真分析市场动态、客户关系等,而且要洞察团队的管理和员工的评价。这就要求员工既要坚持以客户为中心的导向,坚持团队协作,又要求主管能够清晰判断团队合作中的关键贡献者,而这往往与深入业务是分不开的,仅仅靠汇报获得项目的进展是无法准确判断项目的关键问题和进展的,更无从对项目成员做评判了。

绩效高的员工不一定能力强。例如,主管要调动一位客户经理承担某系统部骨干工作,但由于其欠缺客户关系突破关键能力,造成主管经常帮助其开项目分析会,还要搞定客户关系。这位客户经理虽然绩效高,但能力不行,在PBC绩效管理中,应侧重其个人能力部分的权重。

目标好,绩效才高

绩效管理本质上还是对目标的管理,绩效目标的拟定是绩效实施的第一步。光辉合益调研显示，将近1/3员工认为，他们的管理者没有将团队的目标有效传达出来。员工没有从他们的管理者那里收到过关于如何做好工作的明确而正式的回答。

目标明确，成功一半。德鲁克认为，并不是有了工作才有目标；相反，有了目标才能确定每个人的工作。如果没有设立绩效目标，或者没有具体说明绩效目标，那么就无法对员工的努力构成指导。绩效高的主管都是目标管理的高手。

价值优先：绩效评价向价值员工倾斜

> 面向不同的业务及业务发展特点，差异化组织的考核导向。在企业业务边界内，成熟业务考核导向经营，成长业务考核导向发展，发展初期业务考核导向战略成功。
>
> 面向工作性质的确定与不确定，差异化各类人才群体的贡献评价，牵引主管聚焦胜利、专家解决问题、职员高效执行、工匠专注精益改进。
>
> 面向承担经营性责任的组织与员工，要建立短期与长期贡献相结合的合理评价机制；面向承担职能性责任的组织与员工，评价中要区分好管控、监督与服务的不同工作贡献。
>
> （资料来源：华为人力资源管理2.0纲要，电邮通知[2018] 028号）

客观公正的绩效评价是价值创造的发动机

价值评价是价值分配的前提，价值分配为价值创造提供动能，因此，持续优化价值评价方式可以更好地促进价值分配，激活组织和个人去创造更大的价值。华为人力资源管理2.0纲要中提到的"三个面向"是华为价值评价的基准。华为通过价值创造与价值评价的管理，充分调动团队成员的积极性，因地制宜最大化地发挥每个员工的长处，力出一孔，聚焦主航道，锁定业务目标与战略目标，做到了师出必胜。

价值创造是原动力。根据马斯洛的个人需求理论，当生存压力不是问题时，自我实现的需求就变得更为显性或更为迫切。主管应针对本部门员工的具体情况，分析每位员工现阶段的核心诉求是什么，识别出哪些人适用"寻求奖励、规避惩罚"的激励原则，哪些人不适用。对于适用人群，要充分利用奖惩措施来激发员工的工作热情；对于不适用的员工要激发员工内在工作动力，让其工作的同时享受到工作的乐趣，满足其自主性的需求、能力提升的需求及归属感的需求，从而实现价值创造。

华为的网络能源产品线有三种类型业务：主航道业务、半主航道业务和非主航道业务。主航道业务就是二次电源业务，给无线、固网等主设备开发电源模块或电路，完全服务于主航道产品；半主航道业务如通信能源业务，近一半是主设备集成发货，另一半是独立销售发货；非主航道业务如逆变器，面向完全独立的市场和客户。

经过研讨，针对不同类型的业务，产品线设计了不同的组织结构和考核指标。如二次电源业务，研发组织结构是相对分散的，和主设备产品开发人员融为一体，KPI就是质量和及时交付；对于逆变器，因为市场和服务都无法借用企业平台，因此建立了独立的销售与服务组织，业务小循环运作，又因为是非主航道业务，KPI就是贡献利润；对于通信能源业务，其组织设计和KPI设置走了一些弯路。

2010年，在原中央研究部供电系统开发部的基础上，成立了通信能源部，作为一个独立的业务经营团队，按企业业务领域通用的标准设置了KPI。团队新成立，面对挑战，大家激情饱满，很快推出全系列高效电源产品及解决方案，市场积极拓展大客户。经过两年多的艰苦付出，通信能源产品独立销售很快形成规模，当年订货超过7亿美元。但是，在快速发展中，有两件事情也一直困扰着整个团队。一是如何服务好内部客户，无线、固网内部客户不断抱怨，反馈通信能源部的支持不力，相关需求没有以前中央研究部供电系统开发部时响应快；二是市场一线打架，为了扩大电源独立销售规模，原本可以和主设备产品集成销售的场景，一线电源销售团队也去推独立电源的解决方案，于是和主设备销售团队发生冲突。

经过组织分析，作为独立的业务领域运作后，大家都只关注经营指标，但忽视了作为半主航道业务的重要使命——在供电领域为主设备解决方案提升竞争力！

如何在价值评价中牵引并体现企业对主设备竞争力提升的贡献？在考核指标中增加一项虚拟的结算收入指标，即把配套主设备销售的电源，参照市场独立销售的价格，通过虚拟结算的方式，在考核指标中体现。这个提议在产品线行政管理团队讨论时，争议还是很大的。部分行政管理团队成员认为该部门作为独立的业务经营单位，就应该对独立销售的业务负责，虚拟结算收入不能在实际的财务报表中体现，不能作为其经营考核指标。

但通信能源部坚持认为，为主航道业务提供有竞争力的供电解决方案是企业对部门最根本的诉求，也是该团队存在的核心价值。只有主设备竞争力强了，市场销售和应用越多，电源的市场空间才越大；而且和主设备集成销售，正是企业相对专业电源厂家最核心的差异化优势，同时通过这种集成的交付模式，也给客户带来更大的价值，交付成本更低，质量更容易得到保障。因此，该部门的考核牵引应该是导向和主设备产品线更密切的合作，而不是相互竞争、打架。最终，产品线行政管理团队达成高度共识，采纳了通信能源部的考核建议。为此，在通信能源部中设立独立的内配套组织，专门服务各产品线。

组织及考核指标调整后，对无线、固网等主航道产品线的支持得到充分保证，第二年快速完成了各主设备配套外购电源的清理和替换，一方面给主设备降低了成本，保证了质量；另一方面通过推出高效电源模块，提升了主设备的竞争力,获得了无线、固网产品线的肯定。另外,因为解决了集成销售场景下的考核问题,从而充分发挥了企业组合销售的力量,也带动了电源产品的市场突破。次年电源发货量快速上升,出货量全球第一;第三年发货量再创新高,同期增长70%。

科学的价值评价体系非常重要,按什么样的方式评价绩效、分配价值,就一定会牵引大家按什么样的形式去设计PBC,员工就会按相应的方向去创造价值。价值评价的方向偏了,价值创造的方向也会偏,价值创造的行为亦会发生变形。在绩效评价中并不是"唯KPI论",不是什么事情都要设KPI进行考核,对价值创造非方向性、非重大影响的内容,可以不考核或按关键事件考核。

华为价值创造始终围绕"以客户为中心、以奋斗者为本"开展工作,充分肯定业务团队、冲锋团队,针对不同岗位的价值认知偏差及时纠正。

华为某代表处接管某软件服务部,其下面有A、B、C、D、E 5个交付项目组,分别负责不同业务领域的交付与服务工作,其中A项目组负责BXX产品领域的项目交付,相对于其他项目组,该项目组承接客户高定制化的需求非常多,平均每月承接客户大小需求180个左右,交付强度大,复杂度、风险系数极高,大小升级10~15次/月,人均熬夜加班8次/月。

该项目组属于销售与服务一体,通过服务项目管理,交付团队不断引导和挖掘客户的业务需求,每年贡献×亿元订货,收入×亿元,贡献利润几千万元(贡献部门1/3的利润),由于网络地位的重要性,其间接贡献较大(客户黏性、战略制高点)。

绩效考核基于"导向冲锋、导向高绩效"的考核原则,整体团队绩效考核比例向该项目组有较大倾斜,由于项目组成员较多,仍需打一个C。

面临的问题如下:

- 其他项目组认为，整体绩效考核比例向该项目组倾斜有失公平。
- 项目组内员工H认为，在如此艰苦的项目组中奋斗，还要被评为C，太委屈了。

经全员绩效辅导与沟通，其他项目组基本认可向"导向冲锋、导向高绩效"的考核原则。经过沟通，H认识到自己在绩效评价认识上存在错误理解，认为自己已经在最艰苦的项目组了，肯定比其他项目组的贡献大，于是不再追求卓越。经沟通辅导，H纠正了错误认识和安逸思想，在接下来的工作中不断突破自我、不断进步，表现优异，多次考核得A。

经过两年不断奋斗，在软件领域整体严重下滑的环境下，该项目组取得了骄人的成绩，同比经营增长30%，交付质量大幅度提升，客户满意度大幅度提升。

特种兵需要特别对待，但不能破坏"导向冲锋、导向高绩效"的考核原则，按贡献大小给予公平、公正的价值评价及分配，以激励团队创造更大、更多的贡献。

绩效考核是"赛马机制"，要不断鞭策自己向前冲锋，拿破仑说过"一个不想当将军的士兵，不是一个好士兵"，作为主管，应该营造"争先恐后、不断进取"的高绩效文化，以促使团队不断进步，不断创造奇迹。

纠正价值贡献误区，给低绩效团队注入活力

上述案例的B项目组，主要负责电信客户群的传统项目交付与服务。由于企业软件产品在该区域电信客户群份额较小，涉及与友商的激烈竞争，整体经营支撑不足部门的1/10，因此，在部门内部对该项目组的组织贡献、绩效考核评价一直得不到认可，被认为是低价值贡献者，项目组内多数员工工作状态低迷、毫无斗志，甚至有员工提出离职。

鉴于B项目组的情况，企业组织了一次深入的价值贡献与个人绩效的研

讨，引导团队成员重新认识并理解价值创造的定义，及时纠正认知上的偏差：

- 组织贡献不仅是订货有多少，而且是基于业务战略意义、市场格局竞争意义、可持续的经营等多维度的。

- 关于个人绩效，是基于组织贡献度、个人岗位属性来评议的，而不是基于员工所负责的项目订货多少来确定的。市场能签多少订货，服务交付不是充分条件，而应该根据服务交付岗位职责的要求来判定价值贡献（如交付质量、客户满意度、售前支持、竞争辅助等），经过讨论，B项目组改变了对价值创造的认识误区，重新树立了大家继续奋斗的信心。

次年，该项目组取得了非常不错的成绩，经过长达一年的艰苦竞争测试、演示服务及支撑工作，最终在该区域电信运营商突破了友商封闭的IPTV市场，销售超1 000万个机顶盒；同时与电信运营商在其他领域开创了新的商业模式，签署了千万级语音服务能力的合营合同。

难出业绩的盐碱地也是一块地，关键要让员工用心施肥、浇水，同样能花开富贵，但前提条件是客观公正地给予价值肯定。要使团队成员清晰认识自身价值创造的形式，使其有的放矢，不断创造更大价值。

责任结果：主管敢于打C，用业绩说话

绩效评价以责任结果为导向，对英雄及时激励；敢于破格提拔优秀人才，拉开分配差距。

对英雄的激励要及时，就是根据目标达成情况，不要按干部选拔标准去评价。冲上山头的就是英雄，就该发山头激励奖。至于冲上山头的人能不能当干部，我们可以再把干部选拔标准拿出来比一比。当前有一种现象，不管评什么，都把各项指标拿出来比。冲上山头和一些细微的毛病有

什么关系呢？攻上山头，炸了碉堡，就是英雄，就奖励炸碉堡这件事情，与其他毛病无关，但毛病会影响他升职、升级。

（资料来源：任总在中亚地区部员工座谈会上的讲话，电邮[2016]063号）

随着业务的快速推进，企业需要更多的优质人才来支撑业务的发展，但对于这些优质人才，绩效评价的合理性就显得愈加重要。只有客观、正确的评价才能保证价值分配的合理与有效，只有这样才能保证企业留得住人、留得住人心，才有能力持续地创造价值。绩效评价不光要评价出牵引者，更要评价出落后者，该如何应对呢？

作为主管，应当敢于评价，敢于打C

仔细分析给员工打C的理由：

- 员工绩效确实完全不达标。
- 员工受红线影响，但业务水平较高。
- 受考核指标限制，这个C必须打出来。

第二种情形相对简单些，做错了、踩了红线就是要担责。

第一种情形出现的是比较多的。受客观或不可抗因素影响造成员工的业务结果不好，员工本人很努力，但业务结果不达标。在目标导向下，不能怪罪市场环境、客户、供应商、企业产品等，既然下达了PBC绩效目标，而且又是经过双方沟通确认签字的，还有中期的绩效辅导等，这个绩效结果作为被考核的员工必须承担。

第三种情形则是评价的规则，一旦制定，就得遵守。

在华为，打C意味着什么样的评价？打C意味着员工不称职，需要留用察看，以观后效，所以在华为打C一定会难。因为主管要考虑被评价员工的情绪、绩效应用、周边影响等，还要考虑打C能否对全员起到警示作用，起到导向牵引的作用。

作为主管，工作要做到平时，充分利用绩效管理工具

PBC是责任结果的一部分，只反映了考核周期内的重点任务，不是绩效评价的唯一依据。但在实际操作中，个别员工会认为PBC是部门和员工的"契约"，是绩效评价的唯一依据。在管理实践中，一些关键绩效很难用KPI等量化数据进行描述，以至于需要在PBC的文字描述中进一步说明。绩效评价双方对于文字描述会存在不同的理解，主管会朝着更利于组织或部门整体的角度评价，员工会朝着更利于自身的角度评价，这样就造成主管和员工之间对绩效的感知存在较大差距，形成对抗。

在某年度考评中，员工W年度绩效被评为C。在和员工W沟通绩效结果时，员工W认为PBC中的绩效目标他都达到了，所以不认可评价结果，并提出PBC就是企业和员工的"契约"，要求针对PBC进行逐项检查，并说明哪些没有达到。文字核查中主管和员工产生了对抗，双方像过法律条文般咬文嚼字，员工W始终强调他按时完成了PBC中定义的输出件，导致第一次沟通陷入僵局。

第二天，主管和人力资源部再次和员工W沟通，并事先做了准备工作。在沟通中，主管首先再次明确了企业责任结果导向，从责任结果和关键事件中明确指出了员工W没有达到标准的地方，同时，从PBC输出件中也说明了其存在的质量和进度问题。最终，员工W接受了绩效沟通结果，但主管也在沟通中认识到了自己在绩效管理工作中存在的不足：未在PBC绩效目标制定时向员工明确传递责任结果导向，明确PBC和责任结果的关系。PBC重点任务描述本身的确难以精确，但主管可以在日常工作中及时指出员工的不足并进行沟通，对齐目标，如有必要可以进行文字修改，避免在最后造成理解不一致，导致沟通扯皮，给人感觉是秋后算账或者工作上的挑刺。

会后，人力资源部也给主管提出了类似建议，并建议其后续要把工作做在平时，在导向传递、PBC绩效目标制定、中期辅导、及时沟通等环节将工作做实，而不是到最后进行通报，造成员工的对抗与不满。

PBC绩效目标描述不可能像法律条文那样滴水不漏、严丝合缝，因此，需要主管在部门内营造责任结果导向氛围，并通过中期绩效辅导、关键事件等手段将工作做到平时，充分利用绩效管理工具，使之成为提升个人绩效与组织绩效的工具，而不是评价沟通时死扣条文。

作为主管，要避免让员工打C

如何避免让员工打C？

（1）聚焦价值创造，帮助客户成功是核心，这点坚定不移，不受短期KPI的影响。订货是客户对员工贡献价值的肯定回报，客户成功之后才会订货更多，所以把订货作为量化考核标准是没有任何问题的，这是要重点改进的部分，也是整个团队的责任。

（2）对于团队的管理者，绩效一定是长期的责任结果决定的，不是短期KPI就可以决定的。KPI只是绩效的部分因素，要有耐心。

（3）坚持和目标比、和自己比，从内在驱动力上要求自己"每天都进步一点点"。

（4）在团队中永争上游，不气馁，追求长期、可持续的贡献。

（5）时刻保持危机感，不懈怠、不放弃，珍惜自己的每一次机会。

（6）绩效结果是由"考"和"评"组成的，短期KPI是考，评是由战略贡献决定的，所以要坚持长期为客户带来价值，进而为组织产生持续的收入。

（7）以身作则，以自己积极的状态影响团队员工，争取团队的高绩效，这样团队成员才能充满活力，感到有希望。

（8）虚心地在全球寻找最佳实践，并应用到团队业务中。好的经验及时分享出来，失败的经历自我批判，召集团队集体分析经验并分享出来。

总之，一切方法都是为了持续改进团队表现，聚焦战略贡献，追求长期的责任结果。

做普通员工时只关注个人绩效就很好，但带团队的管理者或主管则应聚焦团队长期的责任结果。

事实第一：评价讲原则、有刚性

评价要讲原则

（1）员工必须把为客户提供有效服务作为其工作的方向，作为价值评价的标尺；绩效评价结果要与客户满意度和客户感知一致，不能为客户创造价值，指标再漂亮、工作再辛苦也不算有效服务，不能算有价值的奋斗。

（2）绩效评价以正向考核为主，但要抓住关键事件逆向考事，对每个错误都要逆向考查，找根本原因，以便改进。

（3）要正确理解企业的赛马文化，通过合理设置目标，牵引每个部门、每个个人努力改进，识别优秀和先进，给绩优者更多成长机会。

评价要有刚性

一年一度年终绩效评价最火热的时候，也是广大基层管理者与主管最痛苦的时候，绩效评价为什么让主管痛苦，从本质上来说可能是评价的刚性要求与主管的灰度要求之间存在激烈的冲突。

（1）比例刚性。华为绩效评价比例：A和B+为55%，B为40%，C为

5%，不同团队会稍有差别。比例刚性的依据就是在绩效评价过程中，大家应共同遵守强制分布比例，俗称活力曲线。

（2）等级刚性。B和B+看上去貌似很接近，大家经常调侃"你是B里靠前的""差一点就是B+了"，实际上B跟B+差了一大截。

（3）应用刚性。加薪、奖金、股票、任职、人岗、末位、退休……绩效结果不同，实际应用迥异。

为了更好地牵引一线、关注客户，企业质量部决定对各地区部总裁考核"重要网上逾期问题密度及解决率"，权重5分，达到挑战目标可以获得1分的加分。这个指标是在TL 9000标准定义的指标FRT（Problem Solving in Time，问题及时解决率）和OFR（Overdue Problem Report Fix Responsiveness，逾期问题解决率）的基础上组合形成的，用于评估组织对客户问题报告的响应水平，促进客户问题的快速解决和闭环。

目标明确后，地区部和各代表处密切监控，在研发的配合支持下，该指标在上半年达成企业挑战目标，获得企业额外20%的附加分，在全球17个地区部中，S地区部和其他6个地区部并列第一。

但考核结果上报后，地区部行政管理团队认为考核结果存在重大问题，要求打回重新考核，并定性为"严重考核事故"，要求直线主管G在服务部行政管理团队上做深刻检讨。G当时也感到十分委屈，在企业目标设置基础上已经考虑了S地区部的具体情况，增加了难度，代表处也确实都够努力，最后不仅完成代表处自己的目标，还支撑地区部获得额外附加分。这样的结果怎么犯了严重错误，还要向行政管理团队做检查？

经过行政管理团队耐心解释，双方找到了问题所在：

- 考核目标设计没有体现客户价值导向。S地区部存在大量老大难问题，长期不能解决，客户意见很大，"重要网上逾期问题密度及解决率"指标不能反映网络运行真实情况。

- 几乎所有代表处都超额完成任务，没有拉开差距，没有利用考核指标有效牵引代表处持续改进业务。

- 只有正向考核，没有逆向考事，对于长期老大难问题、规范性问题、和谐问题、虚假闭环问题等没有仔细甄别。

最后G接受了最终的考核结果。

强制排序：再狼性的团队中里也会有羊

华为现行PBC的A、B、C强制排序来源于美国西点军校的末位淘汰制，目的是选拔将军，从优秀人员中选出更优秀的人员，然后选出很多能够统率千军万马的人来。但如果我们在炊事员中也实行末位淘汰制，每个地方都搞绩效考核，几千人带着弹簧秤去给别人称重就过了，这几千人为什么不上战场？比如几个端盘子的人，绩效考核给其中一个人打了C，理由是盘子端斜了一点，他心里会想："我端得比他正啊，以后别人盘子端斜了，我再也不会提醒他。"因为你端斜了，可能你就垫底当C了，带来的后果就是给客户的总体感觉变得越来越差。事实证明，企业有相当多的岗位应该可以实行绝对工作量考核而不必末位淘汰，我们要形成一个团结的氛围创造价值。所以，不能浪费大量人力资源力量，聚焦在不该聚焦的地方，而特别优秀的干部又提拔不起来。

（资料来源：任正非在销售项目经理资源池第一期学员座谈会上的讲话，电邮[2014] 066号）

企业中"老好人"太多，不利于绩效评价

在实施绩效评价的过程中，企业中存在着大量的"老好人"。

"张姐，你能让我安安静静地写个总结不？你在这待了快三小时了，都

快下班了。"绩效主管小文说这句话时,语气近乎哀求。

"我不走,你们人力资源部不把这次的绩效考核扣款说个明白,我是不会走的。"出纳张姐一脸坚持。

"绩效分数不是我打的呀。"

"谁叫你们人力资源部弄个什么强制分布。我才不管你们什么分布呢。反正我的分数有90分了。90分不低吧。"

"不低呀。"

"那你们还扣我的钱。"张姐没好气。

"问题是你们左总给每个人都是90分以上。"

"那说明我们都优秀呗。"张姐挺得意。

"不可能人人都优秀吧。"

"对呀,我们财务部人人都优秀呀。我们财务部天天都会有人在加班,你们人力资源部呢,下了班人影也没一个,你们怎么跟我们比。"张姐反而更加得意了。

"我们人力资源部与财务部又不是一个业务性质,那市场部还不用打卡呢。"

"怎么不是一个业务性质,都是后台部门,都是服务部门。"张姐有点犟了。

"得了,得了,我说不过你。但你别在我这儿坐着,行吗?别人还以为我把您怎么着了呢。"小文急了。

"别人怎么想我管不着,反正你们不把扣我的钱补上,就得给我一个说法。"

"唉,好不容易静下来的一个下午就这么泡汤了。"小文长长叹了口气。

在PBC绩效评价中,一般会对绩效结果排序,参照绩效制度中拟定的A、B、B+、C的等级比例将绩效评价结果强制分布。强制是强制分布的重要特点,在实际操作中也导致了因为比例不得已打B、C而频遭员工吐槽。PBC绩效评价中之所以要采用强制分布,是因为不强制分布的话,所产生的评价结果不符合期望和管理需要,甚至会出现风险。PBC绩效评价采取强制分配比例,往往是不得已的选择。有的主管不愿担责,要当老好人,结果就是,在绩效评价中,员工的绩效和贡献良莠不分,形成赏罚不明甚至齐头式的大锅饭文化,严重影响员工的积极性及价值的创造。

强制分布普遍应用于绩效结果的输出

强制分布,又称强制正态分布法,大多被企业在评估绩效结果时所采用。该方法就是按事物"两头小、中间大"的正态分布规律,先确定好各等级在被评价员工总数中所占的比例,然后按照每个员工绩效的优劣程度,强制列入一定等级。

随着GE前任首席执行官杰克·韦尔奇和GE的成功,"强制正态分布法"得到了国内外越来越多企业的青睐。许多大企业纷纷采用此方法,按照不同的绩效等级,对员工进行奖惩。杰克·韦尔奇凭借该规律,绘制出了著名的"活力曲线"。按照绩效及潜力,将员工分成A、B、C三类,三类员工的比例为:A类20%;B类70%;C类10%。

对A类员工,韦尔奇采用的是"奖励,奖励,再奖励"的方法,提高工资,增加股票期权,晋升职务。A类员工得到的奖励可以达到B类员工的两至三倍;对于B类员工,根据情况,确认其贡献并提高工资。但是,对于C类员工,不仅没有奖励,还要从企业中淘汰出去。

说起杰克·韦尔奇的绩效哲学,还必须提他的"数一数二"战略。韦尔奇在1981年刚担任GE的CEO后,便在企业执行"数一数二"战略,对投资领域实行"整顿、出售或关闭",体现了追求卓越的价值观,韦尔奇称之为"软"价值。在绩效管理中使用"区分"原则是韦尔奇追求卓越的另一个体现。韦尔奇的原话是"对于人来说,差别就是一切"。"区分"使得门槛提高,从而使整个组织也迈向更高的层次。因此,韦尔奇赞成在绩效管理中使用强制比例,即在考评中分出A、B、C来。在使用强制比例的过程中,经常有经理说,整个团队都表现得很好,一定要分出A、B、C来会很残酷。韦尔奇认为分不出A、B、C来才残酷,不能让真正优秀的人得到成长和进步的机会才残酷。韦尔奇说,区分和使用比例是一种规则,这种规则被广泛使用在学校招生、球队管理中,从而造就了一个个名校和一支支著名的球队。因此,这种规则同样适用于企业。

在绩效管理中,肯定有经理不能分出A、B、C,那么怎么办?韦尔奇说:"分不出A、B、C的经理,自己在考评中得C,必须改进,否则走人。"被称为"中子弹杰克"的韦尔奇对于一个经理人的职责的理解是非常深刻的,对于一个不能区分员工A、B、C的经理,不能完成绩效目标的经理,即使是他很好的朋友,他也会毫不犹豫地炒他的鱿鱼。这种因为不能区分而下台的原则,同样存在于微软等企业。有效地区分员工是管理者的一个必备技能。

---

(1)强制正态分布法的优点。

①等级清晰、操作简便。等级划分清晰,不同的等级赋予不同的含义,区别显著,并且只需要确定各等级比例,简单计算即可得出结果。

②刺激性强。强制正态分布法常常与员工的奖惩联系在一起,对绩效"优秀"的重奖,绩效"较差"的重罚,强烈的正负激励同时运用,给人以强烈刺激。

③强制区分。由于必须在员工中按比例区分出等级,会有效避免绩效评价中过严或过松等一边倒的现象。

（2）强制正态分布法的缺点。

①如果员工的绩效水平事实上不遵从所设定分布样式，那么按照评价者的设想对员工进行硬性区别容易引起员工不满。

②只能把员工分为有限的几种类别，难以具体比较员工差别，也不能在诊断工作问题时提供准确可靠的信息。

③个别组织为了应对强制正态分布法，想出了"轮流坐庄"的老好人战略，这样不能体现强制正态分布法的真正用意。

（3）强制正态分布法的使用。强制正态分布法适用于被评价人员较多的情况，操作起来比较简便。由于遵从正态分布规律，可以在一定程度上减少由于考核者的主观性所产生的误差。此外，该方法也有利于管理控制，尤其是在引入员工淘汰机制的企业中，具有强制激励和鞭策功能。

强制是手段，不是目的，一定要有明确的初衷，不能为了强制而强制。如果使用不当，任何的犀利手段也会有其副作用，一定要小心管理，放任不管必定造成本末倒置或弊大于利。在绩效评价中，员工压力过大反而会适得其反，影响员工的凝聚力和向心力。企业尤其要小心"上有政策、下有对策"。

华为绩效评价的强制分布

华为PBC采用了A、B+、B、C、D五个级别。每个级别的比例在不同的时期不尽相同，但仍符合韦尔奇的活力曲线，在很长一段时间内A、B+、B占到80%，而C、D总计占到20%。

华为为了更好地识别和激励优秀员工，促进组织的内部良性竞争，保持组织活力，会对评分后的结果采取强制分布。与一般强制分布不同的是，华为的强制分布不仅在各个被考核者（员工）之间，还考虑到被考核者的考核结果应与组织的战略相关，强制分布的比例一般依据组织绩效的结果进行调整。如组织绩效为A，被考核者（员工）年度考核等级为A的比例为25%；如果组织绩效为D，则该组织被考核者（员工）年度考核等级为A的比例就是0%，以此类推。

正如奥林匹克精神，没有更好，只有最好。竞争会"激发人的无限潜力，激发组织的活力，也许这就是活力曲线最重要的精神。"华为顾问田涛在一次华为人力资源研讨会上如是说。

强制分布体现的是管理的精神与制度的约束，是一个企业迈向成熟、规范化发展的前奏与保障。

绩效评价误差及成因

> 我们一定要在最佳时间以最佳角色，做出最佳贡献。组织也一定要在他冲上甘岭时，多给他一包方便面。我们今年将要破格提拔4 000~5 000名优秀员工。是否可以按去年的组织绩效结果，把指标分到各个团队？我们一定要培养一批勇于担责、善于担责的优秀领头雁。人才也要贯彻日落法，飞不动了，可以排到雁行的后面，顺风省力一些。
>
> （资料来源：领头雁需要很勇敢，电邮[2017] 007号）

- 张××在上次的客户交流中非常出色，其他方面也应该表现不错。
- 李××在竞标中出现了失误，另外几次竞标都完成了，但没什么印象了，绩效靠后吧。
- 王××前两年的绩效都是A，表现很出色，这次评议不用看具体输出了，给A不会错。
- 赵××做事很粗心，这个工作要求很细致，他的结果不会太好。

……

偏见无处不在，体现在不同的人身上只是偏见多和少的问题，偏见的角度不一样而已。很多偏见都是无意识地自然而然发生的。在绩效评价中，由于人性的特点使然会产生一个个不同的绩效评价偏见，导致绩效评价中误差的发生。下面就解析几种常见的绩效评价误差及成因，希望大家意识到这些误差，避免或最小化这种误差。

首因效应

首因效应是指在绩效考核中，主管的"第一印象"对被评价的员工以后的认知产生的影响，它是由美国心理学家洛钦斯首先提出的，也叫首次效应、优先效应或第一印象效应。虽然这些第一印象并非总是正确的，却是最鲜明、最牢固的，并且决定着以后双方交往的进程。

如果一个人在初次见面时给人留下良好的印象，那么人们就愿意和他接近，彼此也能较快地取得相互了解，并会影响人们对他以后一系列行为和表现的解释。反之，对于一个初次见面就引起对方反感的人，即使由于各种原因难以避免与之接触，人们也会对其很冷淡，在极端的情况下，甚至会在心理上和实际行为中与之产生对抗。

晕轮效应

晕轮效应由美国心理学家凯利提出，是指一个人的某种品质或一个物品的某种特性给人以非常好的印象。在这种印象的影响下，人们对这个人的其他品质，或这个物品的其他特性也会给予较好的评价。其本质是一种以偏概全的认知上的偏误。晕轮效应越来越多地被应用在企业管理上，其对组织管理的负面影响主要是体现在各种组织决策上。

晕轮效应是一种影响人际知觉的因素，这种爱屋及乌的强烈知觉的品质或特点，就像月晕的光环一样，向周围弥漫、扩散，所以人们就形象地称这一心理效应为晕轮效应。和晕轮效应相反的是恶魔效应，即对一个人的某种品质或对一个物品的某种特性有坏的印象，会使人对这个人的其他品质或这一物品的其他特性的评价偏低。

定势误差

定势误差是指人们根据过去的经验和习惯的思维方式，在头脑中形成了对人或事物的不正确的看法。例如，一些年轻的评价者或主管根据自身的生活经历，认为老员工就一定会墨守成规，缺乏进取心，压制年轻人。而一些年龄稍大的评价者与主管则按照自身的经验，怪罪年轻人"嘴上无毛，办事不牢"，举止轻浮。在这种思维定势的影响下，绩效评价结果必然会产生偏差。

认知盲点

认知盲点是指作为评价者的主管有这个缺点，如果主管的下属员工（被评价者）也有同样缺点的话，主管就会把这个缺点淡化，甚至忽视。在招聘中是这样，在绩效考评中也会这样。比如，恰巧主管的部门里有一个员工，该员工技能欠缺的地方跟主管一模一样：主管粗心，员工也粗心；主管不守时，员工也不守时。主管不会看重员工那些缺点，这就叫认知盲点。

从众心理

从众是指个体对社会群体压力的服从。当群体的意见以群体压力的形式表现出来并引起个体的认知不一致，即个体的意见同群体的意见发生冲突时，个体的评价、意见和行为服从群体的意见。

所罗门·阿希（Solomon E. Asch）（1907—1996年）是美国知名心理学家。阿希从众实验是阿希在1956年进行的从众现象的经典性研究，也称三垂线实验，该实验旨在研究从众现象的具体表现、产生及其原因。

阿希以大学生为被试者，每组7人，坐成一排，其中6人为事先安排好的实验合作者，只有一人为真被试者。实验者每次向大家出示两张卡片，其中一张画有标准线X，另一张画有三条直线A、B、C。X的长度明显地与A、B、C三条直线中的一条等长。实验者要求被试者判断X线与A、B、C三条线中哪条线等长。

实验者指明的顺序总是把真被试者安排在最后。第一、二次测试大家没有区别，第三至第十二次测试前六名被试者按事先要求故意说错。这就形成一种与事实不符的群体压力，可借此观察真被试者的反应，是否发生从众行为。阿希多次实验所得的结果非常相似：被试者自己判断时，正确率超过99%，但跟随他人一起判断时，做出错误判断的比例平均达到37%，76%的被试者至少有一次迫于群体的压力，做出了从众的判断。当然，还有24%的人一直没有从众，他们按照自己正确的判断来回答。

在绩效评价时，从众心理往往表现为，看其他部门的领导评分高，主管打分也就高；看其他部门的领导评分低，主管打分也就低。

集中趋势

集中趋势又叫取中趋势。它是一组数据的代表值，集中趋势就是平均数的概念，表明所研究的对象在一定时间、空间条件下的共同性质和一般水平。就绩效评价的分数而言，如果分数是以平均数为中心上下波动的，则平均数反映了总体分布的集中趋势。它表明总体分布的一个重要特征值，根据变量数列的平均数，就可以了解评价对象总体的集中趋势和一般特征。

主管或管理者不愿意拉开差距，尤其是在周边绩效评价中，或者在PBC的非组织绩效目标类的评价中，不愿做"坏人"，这也是典型的绩效评价结果的集中趋势。

个人定势

每个人心里对某个概念都有一些相对固定的认知，如认为做人力资源工作可能女士比男士更合适；数学计算能力好像男士天生比女士强；德国企业特别刻板，纪律严明；日本企业等级鲜明；美国企业特别自由、随意。

个人定势在绩效评价中会出现什么问题呢？评价者可能认为，到企业工作三年的员工就是比工作一年的强，博士后就是比博士强，本科生就是比高中生强，这就是定势误区。

如何消除个人定势的影响呢？人们脑子里或多或少都有一些认定的东西，不容易改变，唯一的办法是把定势的影响降到最低。快到评价期时，脑子里警惕一下，把定势一二三写出来，越到评价时，越要想办法避免这些定势。

近期行为偏见

在离评价期越近的时候，部门经理或主管对员工所干的事情会记得越清楚。大部分人会这样，离我们最近的事情我们记得最清楚，不管这个员工近期干了什么好事儿，还是不好的事儿，都记得特别清楚，这种误区叫近期行为偏见。

如果是个特别老练的员工，离评价期越近的时候，他在经理面前出现的频率越多。在走廊上看到他，在食堂里看到他，而且经常推门去汇报工作。这时候主管就要警惕一些，这个员工有可能是在表现自己，因为他知道，离评价期越近，他近期的表现主管会记得越清楚。

对于绩效评价过程中的建议：

- 评价关系树必须明确，评价必须由最直接的业务部门掌握（80%的工作归属部门）。不应该在评价关系中出现模糊的关系，如直接的业务部门给建议，行业部门给评价结果，否则就存在建议是否有效的问题。

- 评价标准必须与设定的PBC、KPI匹配，同时PBC作为员工申述的主要依据，反过来保障PBC、KPI制定初期的有效性，形成良性循环。

- 评价结果与员工本人沟通，必须明确指出不足和需要改进的点，并指导员工如何去改进。
- 评价过程中的变动和调整，必须与业务部门保持沟通，达成一致。

评价之后，就是价值分配的过程。评价的结果与价值的分配紧密相连，短期价值分配和长期价值分配要兼顾。一个全面、合理的PBC绩效评价，能够给最终的价值分配提供有效的支撑。

第九章

PBC结果反馈

据说绩效考核在美国刚刚兴起的时候，最令管理者或主管头疼的问题就是与员工沟通绩效考核的结果。

所谓"上有政策，下有对策"，当主管被强制要求做绩效沟通时，当绩效反馈被当作一项工作任务时，他们采取的做法是在员工离开座位不在办公室的时候，偷偷溜进员工的办公室将绩效考核表放在员工的桌上，然后等员工不在办公室的时候，再偷偷溜进去，把员工签好字的绩效考核表拿回去，交给人事部存档，这就算完成了沟通的任务，就算做了绩效考核。有的主管为了不与员工面对面，避免面面相觑的尴尬和极有可能发生的争吵，就趁与员工一起上洗手间的间隙，与员工隔着木板沟通绩效考核的结果。

这也许是真实的故事，也许是有人杜撰的笑话，但的确反映了主管在面对绩效考核时的心态，主管面对绩效考核的时候比较怵头，不愿意与员工沟通绩效问题，总想方设法回避这个过程，总希望能够一笔带过，最好不要有这个程序。

绩效结果反馈难，是美国企业绩效管理中存在的问题，也是中国企业目前绩效管理中存在的最大的问题。

结果反馈：有话好好说

对于业绩优秀者来说，实施绩效管理之后收到评价意见或者反馈意见总会带着无比的兴奋，而对于业绩普通的员工来说，则通常会把反馈这件事跟痛苦画等号。好的绩效沟通与反馈在很大的程度上考验管理者与主管的智慧与情商。

每年七月初都是HK企业营销部陈总最伤脑筋的一段日子，这是企业例行的半年度考核时间。与年度考核不同的是，HK企业的半年PBC绩效考核，不但影响季度奖金，还影响部分销售部门员工的去与留。销售人员的调整一般

第九章　PBC结果反馈

都在6、7月间，因为这个时间段是企业业务的淡季，正好也是销售部门的休整期，为下半年的业务冲刺提前统筹。

2017年的半年考核比以往提早了一周，眼下正是绩效结果反馈的时间，在深吸了一口气之后，陈总拿起了身旁的话筒。

"小张，你让刘明到我这来一下。"

陈总两年前空降HK企业，之前供职于深圳一家给营运商服务的知名企业。

帅气的陈总身材高大，做事干练，雷厉风行，但今天打电话的反常让秘书小张觉得陈总与平时不太一样。

刘明是陈总所管销售部一名老将，初中没有毕业就和老板一块出来闯，脾气大、声音大，一言不合就干架。在企业内部名声响得很，倒不是好的名声，而是一些关于他出格的言行。企业投诉他的人不少，时间一长老板似乎也对此免疫，习惯了。

"陈总，你找我？"刘明一进办公室，快人快语。

"刘明，请坐。"陈总一见到刘明，客客气气。

"刘明，今年上半年的PBC情况不太好呀。"陈总终于憋不住了，还是直奔主题。

"是不太好。整个销售部都不好，又不是我一个。"刘明不以为然。

"张总负责的华东区域与你所在区域的组织绩效都差不多，不过他们今年上半年的个人业务目标超过了你们，根据企业强制分布比例与要求，你们今年上半年的PBC只能打C。"陈总语气诚恳地说。

"别说打C，就是打B，我都觉得吃了亏。"刘明的声调明显提高了。

"再加上今年上半年销售政策老变，有两位骨干还离了职，能保持这个业绩已经是很好的结果了。"刘明继续说。

"还有,年初你答应的××项目支持之事,之后也没兑现。"

"还有,××项目销售部的投标出现重大失误,这个不能算在我们头上吧。"

"还有……"

接下来就是陈总职业化的解释与说明,完整的流程说明、系统的讲解,从道理上,刘明无可反驳,可读书不多的刘明哪里懂那么多的理论与道理,他越听越不耐烦,沟通到了后面就难以继续了。

临走,他扔下一句话:"我不同意,陈总,你看着办。"刘明随手将门重重地关上。

本次半年PBC结果反馈不欢而散,陈总望着刘明的背影,表情显得无可奈何。

绩效结果的反馈与沟通是绩效管理的常规性动作,也是确保绩效管理有效、及时的重要手段。绩效结果反馈是绩效沟通的一种形式,但与日常绩效沟通不同的是,绩效结果反馈对于管理者是一种挑战,尤其是当员工面临一个不好的甚至影响发展的绩效结果时会情绪反常,现场失控,甚至有的情况下双方会发生冲突,不欢而散更是常见。

绩效结果反馈的目的

(1)与员工达成一致。对同样的行为表现,往往不同的人会有不同的看法。主管对员工的评价结果代表的是主管的看法,而员工可能会对自己的绩效有另外的看法,因此,必须进行沟通以达成一致,才能制订下一步的绩效改进计划。

(2)使员工认识到自己的成绩和优点。每个人都有被别人认可的需要,当一个人做出成绩时，他需要得到其他人的承认和肯定。因此，绩效结果反馈面谈的一个重要目的就是使员工认识到自己的成绩，从而对员工起到积极的激励作用。

（3）指出员工有待改进的方面。员工的绩效中可能存在一些不足之处，或者员工目前的绩效表现比较优秀，但如果今后想要做得更好仍然有一些需要改进的方面，这些都是在绩效结果反馈面谈的过程中应该指出的。通常来说，员工想要听到的不只是肯定和表扬的话，他们也需要有人中肯地指出其有待改进的方面。

（4）制订绩效改进计划。在双方对绩效评价结果达成一致意见之后，员工和主管可以在绩效结果反馈面谈的过程中一同制订绩效改进计划。通过绩效结果反馈，双方可以充分地沟通关于改进绩效计划的方法并制订相应的具体计划。

（5）协商下一个绩效周期的目标与绩效标准。一个绩效周期的结束，同时也是下一个绩效周期的开始。从效率上讲，上一个绩效周期的绩效结果反馈面谈可以与下一个绩效周期的绩效计划面谈合并在一起进行。

绩效结果反馈的原则

主管在与员工进行绩效结果反馈时，应注意不同反馈对象、场合等因素的影响，掌握一些基本的原则：

（1）建立和维护彼此之间的信任。

（2）清楚说明面谈的目的。

（3）鼓励下属员工主动发表意见。

（4）认真倾听并理解对方的话语。

（5）避免激烈的对立和冲突的出现。

（6）集中于员工工作绩效而不是个人性格特征。

（7）集中于员工未来的发展而不是过去的绩效。

（8）员工的优点和缺点并重。

（9）该结束时就结束。

（10）以积极的方式结束面谈。

绩效结果反馈的注意事项

绩效结果反馈要注意方式、方法，使反馈在融洽的气氛中进行，真正起到帮助员工提高绩效的目的。对一个员工的绩效可以从正反两个方面讨论，有表现优秀值得鼓励的地方，也有不足需要加以改进之处，所以反馈可以从正反两个方面着手，既鼓励员工发扬优点，也鞭策员工改进不足。当然，在绩效结果反馈面谈过程中还应注意以下事项：

（1）不要责怪和追究员工的责任和过错。

（2）不要带有威胁性，不要教训员工。

（3）不作泛泛而谈，多援引数据，用事实说话。

（4）对事不对人。

（5）既找出缺陷，又诊断出原因。

（6）保持双向沟通，不能主管单方面说了算。

（7）落实行动计划，创造轻松、融洽的谈话氛围。

绩效结果反馈时的不同方法与策略

（1）对绩效评价优秀的下属，应继续鼓励其上进，为其参谋规划。

（2）对绩效评价差的下属，帮助其分析差距，诊断出原因并帮助其制订改进措施，切忌不问青红皂白，兴师问罪。

（3）对连续绩效评价较差、没有明显进步的下属，应开诚布公，让其意识到自己的不足，并与其讨论是否现有职位不太适合，是否需更换岗位。

（4）对老资格的下属，要给予应有的尊重，不使其自尊心受伤害，要充分肯定其过去的贡献，关心他，并为其出些主意。

（5）对雄心勃勃的下属，不要泼凉水，打击其积极性；要耐心开导，阐明企业奖惩政策，用事实说明愿望与现实的差距，激励其努力，说明水到渠成的道理。

（6）对性格内向的下属，要耐心启发，通过提出非训导性的问题或征询意见等方式，引导员工做出积极的反应。

（7）对容易发火的下属，要耐心地倾听，有问题不要急于与他辩论和反驳；要了解其发火的原因，冷静、建设性地帮助其找出解决问题的关键。

（8）主管在进行绩效结果反馈时，也要坚信，员工绝大多数都是讲道理的，暴脾气的刘明只是个案，道理讲清楚了，员工心里就透亮了，自然也不会持久地纠缠。

2016年年初，华为地区管理部M主管例行跟每位员工沟通2015年年度绩效评价结果，其他员工对评价结果都认同，同时接受了相关的改进建议；但当与一名员工Y沟通时，他不认同M主管给他的评价结果是B+，他认为自己应该得A，说主管考评结论不公平、不合理。

M主管对员工评价结果的评定主要依据四个维度：

- 第一个维度是员工PBC绩效目标完成情况（分值）。

- 第二个维度是员工的关键红、黑事件。

- 第三个维度是团队内员工之间的互评。

- 第四个维度是主管对员工工作配合和执行的评价。

员工Y在代表处负责内控方面的工作，是部门的骨干员工，M主管根据上面拟定的评价标准，对员工Y评价为B+，主要理由为：

- PBC绩效目标完成情况非常好，组织绩效部分超额完成目标，个人绩效部分完成得也非常好，从量化的结果看是优秀，打分115分。

- 关键红事件：一是代表处的财报内控工作结果完成得非常好，二是流程内控中超额完成年度的项目评审（Project Review，PR）规划，效果较好。

- 关键黑事件：在某项工作推动中，因沟通问题曾在办公室与员工W发生过激烈争吵（差点儿动手，被拉开），在代表处影响不好。

- 组织内各模块互评时，大家给他的评价为B+或B，主要原因是跟各模块沟通配合不好，单方面强压要求较多，互助共赢方面还有提升空间。

通过与M主管沟通，员工Y明确表达了自己的想法：

- 其个人PBC绩效目标超额完成，从结果打分来看，应该属于优秀。

- 财报内控的结果打分从50分提升到80分，增长幅度非常大，都是他的推动功劳。

- 其独立承担该项工作，压力非常大，部门内部比较而言，他应该是态度最好的。

- 对于考评按照这四个维度来评价的规则不认同，之前主管都是按照PBC绩效目标的完成情况来进行评价的。

通过近两小时的坦诚沟通，针对员工Y提出的几点意见，双方一条一条地回顾事情过程，M主管指出员工Y个人观点中的一些偏颇之处，以及自我评价误区，最后员工Y接受了主管的评价结果。

通过此案例可以给作为评价者的主管一些绩效结果反馈上的启示：

（1）绩效评价规则要清楚，并且一开始就要传递给每位员工。绩效评价不能只针对PBC绩效目标完成情况，而要按照行之有效的规则，坚持多维度评价方法，一开始就把评价规则跟每位员工讲清楚。

（2）加强员工绩效辅导，对PBC绩效目标牵引要对标清楚，不同员工在PBC组织绩效承接方面要有所侧重，不能简单地把PBC绩效目标中的组织绩效要求直接复制，而要与特定员工进行沟通对标，确保目标具有牵引力，但同时也要注意不要跟员工承诺做到什么样就是A或B+。

（3）对于绩效管理的过程管控，主管也要及时跟进，若条件变化，就要同步刷新指标与目标，确保目标完成的同时，也要管理好员工的期望。

越来越优：绩差员工的末位淘汰

> 高级干部被末位淘汰不等于是坏事，可以去重装旅，再重造辉煌。若没有威慑感，大家都会去搞内部平衡。
>
> （资料来源：任正非在人力资源工作汇报会上的讲话，电邮[2014] 057号）

企业的末位淘汰类似于企业的资产组合，企业资产组合的目的是不断优化资产，盘点资产，把最优的资产极力保留，把差的、不好的资产淘汰或舍弃。绩效管理的末位淘汰也是如此，通过绩效管理的强制排序把绩差的员工淘汰出局。

当然，员工的绩效不好会有很多原因，比如，员工和岗位不匹配，不能发挥所长。对于员工来说，如果是不适才适所造成的绩效问题，调整岗位就能解决，就能将不良资产变为可以创造价值的优良资产。华为"可上可下"的生态，提高了纠正不适才适所要求的灵活度。

主管大都不愿意面对末位淘汰

面对末位淘汰，大多数主管会有罪恶感，觉得这是伤害别人的事。作为主管，要解决的不是员工这个人而是员工的绩效，主管要有人才资产的概念和组织者的心态。

员工的绩效不好，不等于这个员工不好或没有存在的价值，只是员工在这里不适合，帮他找到一个适才适所的重新组合配对，他可能又会变成优良资产。重新组合配对有可能在内部，也有可能只存在于外部。在内部的重新组合，称为内部调岗；在外部的重新组合，就是劝离或劝退。

对于绩效末位的员工，主管让其离开，是帮其找到适合的企业，是在干好事，如果主管不去处理，不去淘汰，可能最后害了员工。

如果主管与员工双方都持有人才资产适当配对组合的心态和观念，就更能理性地面对和处理不适任及绩效不符要求的问题，绩效结果反馈就能达成双赢的结果。当然，主管要先有这样的觉悟，才能帮助其员工也具有这样的觉悟。

《哈佛商业评论》有一篇讨论处理不适任员工的文章，原文标题是"戴着丝绒手套的铁手"。铁手是指主管要以钢铁般的意志面对不适任员工，不能躲避，但是，如果到最后必须分手时，要注意员工是一个活生生、有血有肉、有感情的人，要有同理心，要尊重他的人格尊严，要对事不对人，要公平公正，并尽可能给予其最大的协助，帮他顺利过渡到职业生涯的下一站，就像为铁手带上丝绒手套，减少员工的不适感。当这篇文章被翻译成中文时，编辑取了一个非常有意思的中文标题——"无情考核，有情解雇"。

"无情考核，有情解雇"，这个标题点出了大多数主管恰恰相反的错误行为——温情考核，无情解雇！

第九章 PBC结果反馈

争做最好：员工绩效改进计划

> 绩效不只是销售额，而是员工在本岗位担负责任的有效产出和结果。
>
> （资料来源：关于华为干部选拔原则的纪要，2005年）

绩效管理是价值管理的一种方法，帮助企业的管理者或主管管理员工的岗位责任结果。企业的目标是全力创造价值，引导员工给企业带来最大化的价值，主管要做好协同，通过有效的年度目标、过程管理和修正、结果管理，使企业的各项工作有效开展，提前采取措施来保证业务目标的达成，而不能只关注绩效评价的结果，更不能把绩效管理仅当作给员工分钱的工具。

不贴切的"一B废一年，一C毁一生"

2013年年初，在代表处表现优秀的基层主管A被任命为××地区部××解决方案销售部副部长，负责该解决方案在整个片区的销售工作。平心而论，A是一个非常有上进心的基层主管，他决心好好把握这次机会，带领团队做出成绩来证明自己的能力。

Z是地区部解决方案销售副总，也是A的行业主管。在A刚刚接手工作的时候，Z针对新上岗干部容易出现的问题和困惑，对A未来的工作给出了建议，从KPI达成、团队建设、策略执行、周边沟通、流程落地等几个方面提出了比较明确的要求。从Z的办公室出来，A信心满满地投入了日常的销售工作中。

工作伊始，A的确拿出了拼命三郎的架势：通过电话、邮件、例会，他仔细梳理了片区的销售机会点，与项目组的成员一起，夜以继日地分析项目控制点，讨论客户关键需求，商讨销售策略的拉通，明确核心资源的投入……在成员共同努力下，A所在团队的销售指标节节上涨。但与此同时，也有一些不太和谐的声音时不时影响着A的心情：因为忙于销售，年初计划的人员招聘迟迟没有启动，整个团队在缺编状态下超负荷运行，成员很累不说，很多既定的关键动作也根本无法落实。因为忙于销售，A上半年基本上没去过一线代表处，一线代表处对A所在团队的整体销售策略根本不清楚，一线的产品经理要耗费大量的时间和精力做内部的沟通协调；因为忙于销售，对流程、合同质量关注不够，A的团队在市场例会上被销售管理部门多次点名批评……半年过去了，尽管有这样或那样的问题，因为销售指标一路飘红，A所在团队的排名在全球名列前茅，A还是信心满满地迎来了半年绩效考评。

绩效评价沟通在Z的办公室里进行，在肯定了团队上半年的绩效贡献之后，Z同时指出，尽管团队绩效很好，但是作为主管，A在团队建设、关键动作执行、策略拉通等多个方面没有发挥一名优秀主管应有的影响力。因此，A的上半年综合考评结果为B。

走出Z的办公室，A也逐渐从原来的"KPI满足"中清醒过来。接下来的几天，A对自己上半年的工作进行了比较深刻的反思：一名优秀的团队主管，团队的KPI并不是成绩的全部，要体现主管的独特价值，一定要真正清楚自己应该如何管人（团队）、如何管事（关键动作）、如何管业务（市场）。销售指标的达成有其偶然性，只有真正理清管理思路，把相应的动作执行到位，才能最大限度地避免销售的偶然性，把自己的责任田做成一个可持续经营和发展的市场。

A接受了考评结果，同时A也相信，有了这样的经历，他一定会在下半年的销售中带领团队做出更出色的成绩。

绩效改进计划

绩效结果反馈时，主管应该协助员工制定绩效改进计划（Performance Improvement Plan，PIP）。绩效改进计划是指员工的工作能力与工作绩效在一定时期内得到改进和提高的系统计划。

绩效管理是为目标而生的，在实现企业目标的过程中，必然发现一批绩效较差者，这部分人的绩效管理重点就是绩效改进。绩效改进其实是一个痛苦的过程，那些考核之后便罚的企业，显然不看重、不关心员工的绩效改进，认为员工的绩效问题是由其态度导致的，即员工绩效差是不愿，而不是不能。

究竟是何种原因影响了绩效结果，原因可能是多方面的，但无论是不愿，还是不能，作为主管，在绩效评价之余都有必要为员工拟订一个切实可行的绩效改进计划。

绩效评价虽然是绩效管理最为重要的环节，但实际上绩效改进计划的重要性一点也不亚于绩效评价。从企业的长远发展来看，绩效评价仅仅关注过去，而绩效改进计划则更多考虑未来、考虑成长。

绩效改进方式多种多样，但其过程大致上可以分为以下几个步骤：

- 分析员工的绩效评价结果，找出绩效中存在的问题。
- 针对存在的问题，制订合理的绩效改进计划，并确保其能够有效实施。
- 在绩效辅导过程中，落实已经制订的绩效改进计划，尽可能为员工绩效改进提供知识、技能等方面的帮助。

绩效改进计划的制订流程

回顾绩效评价结果

主管和员工可以就PBC绩效目标的内容逐项进行沟通，在双方对绩效评价中的各项内容基本达成一致意见后，再开始着手制订绩效改进计划。

找出有待发展的项目

一般来说，在一次绩效改进计划中应选择最迫切需要提高的项目，因为一个人需要提高的项目可能有很多，但不可能在短短半年或一年时间全部得到改进，所以应该有所选择。人的精力有限，只能对有限的内容进行改进和提高。

确定发展的具体措施

将某个待发展的项目从目前水平提升到期望水平可以采取多种措施，包括征求他人的反馈意见、工作轮换、参加特别任务小组、参加某些协会组织等。

列出发展所需的资源

主管人员统筹安排，提供帮助，尽量为员工绩效的改进创造良好的内外部环境。

明确项目的评价期限

评价周期设定为半年到一年，这样安排也可以与企业半年或年终总结相衔接。

签订正式的绩效改进契约

在绩效改进计划推进过程中，让员工参与计划的制订，并且签订非常正式的绩效改进契约，让员工感到自己对绩效改进计划中的内容是做出了很强的公开承诺的，这样员工就会倾向于坚持这些承诺，履行自己的绩效改进计划。如果员工的绩效改进计划只是口头确定，没有进行正式签字，那么就很难保证他们坚持执行这些口头承诺的计划。

绩效改进计划也要有仪式感，正式的、书面的绩效改进契约让员工在履行中会更加认真、更加全力以赴。

能力提升目标

除了正式的绩效改进契约，主管还应指导员工完成自己的能力提升目标。PBC能力提升目标样例如表9-1所示。

第九章　PBC结果反馈

表9-1　PBC能力提升目标样例

需要提升的能力	能力提升目标	发展/学习活动计划	说明
加强和下属的沟通	使下属清晰其发展计划，明确其绩效改进的方向	• 和三个直接下属沟通其职业发展方向 • 和每个直接下属沟通一次PBC绩效目标完成情况，给出建议	错误
与下属沟通的能力	提高与下属沟通的能力，熟练使用GROW模型	• 参加教练式辅导GROW模型的培训 • 和三个直接下属沟通其职业发展方向，并在与下属的沟通中练习使用GROW模型 • 期末，和每个直接下属进行一次PBC绩效评价沟通，处理好下属的期望和可能产生的抵触情绪	建议
说明：能力的提升方向可以是培训、工具的使用、在职锻炼等，但在评价中，不以完成制订的学习/发展计划为考核标准，而是通过平时工作中领导对员工行为的观察。在设定这一目标的时候，也应当更多地思考如何使自己的能力得到提升，而不是简单的"完成沟通""给出建议"等			
战略思维能力	加强自己在战略思维方面的能力，提升全局观、大局观；能够更好地捕捉到市场机会，为××产品中长期发展奠定基础	制定××产品战略沙盘，分析网络情况和客户需求，抓住客户的兴趣点，制定详细的产品推广策略	建议
		继续完善××产品未来3年发展趋势的分析报告，找到当前动作中存在的问题和潜在风险，提高产品的盈利能力	
战略思维能力	加强自己在战略思维方面的能力，提升全局观、大局观；能够更好地捕捉到市场机会，为代表处中长期发展奠定基础	制定Z代表处××系统部的战略沙盘，分析网络情况和客户需求，制定详细的市场拓展策略	建议
		继续完善××系统部经营分析报告，找到系统部运作中存在的问题和潜在风险，提高系统部的运作能力和现金流状况	

（数据来源：华为官网。）

绩效改进是绩效管理的目的，但绩效改进只有起点，没有终点，必须坚持不懈，久久为功。

当PBC结果反馈不好时,良好的绩效改进等于治病救人

商场如战场,一场战斗初期伤亡比例往往是最大的。在企业中,很多踌躇满志的员工因为各种原因跌倒在了拓展新业务的路上。一方面,市场是残酷的,优胜劣汰无可厚非;另一方面,作为主管,你是否能分析一下员工绩效不佳的原因?是否能够做一些积极的工作来防范或减少伤亡率?是否在关键的时候可以及时出手拯救你的"大兵瑞恩"?

2012年6月M国企业业务办公室,气氛凝重。

Z:根据企业的要求,海外企业业务要聚焦、要收缩,你们办事处的小R上半年绩效结果不理想,建议回流企业淘汰!

S:M国企业业务刚开始,小R 2011年年底刚入职来海外,做渠道兼客户经理,时间还不长,能否再看看?

Z:企业就是要看数字,我的压力很大,就这样,你们要完成裁人指标,先报企业回流,具体啥时走,再商量。

S:……

一切都预示着小R在该企业的职业生涯似乎要戛然而止了!然而主管S心有不甘,经与小R多次沟通问明心迹,反思上半年工作情况,并与周边部门沟通后得到初步判断,小R绩效结果不佳的原因在于:

(1)刚来企业,对企业运作流程不熟悉,资源部门不熟悉,往往求助无门。

(2)业务目标不明确,角色定位不清晰,既是客户经理,也是渠道经理,同时还要做产品经理的工作,无法平衡工作的重点。

(3)身怀企业业务的成功经验,语言功底也不错,曾独立拓展某国市场,现在常常有劲使不出来。综合判断,主管S认为调整一下工作的思路与安排,小R还是可以将业绩提升上来的。

经过与上级的多次沟通，主管S为小R赢得了6个月的宽限期，主管S也与团队一起开出针对小R提升业绩的药方，一场拯救"大兵"小R的工作开始了。

（1）明确业务目标，指明作战方向。要求小R主要承担客户经理职责，工作聚焦在媒体与资讯行业上，重点进攻行业内的最大客户NA。

（2）设置业务牵引。考虑到M国企业业务处于探索期，还需要时间，不可能一蹴而就，只要完成关键客户考察、设备POC（Push-to-Talk）、高层互动就算阶段性成果产出。

（3）给予更多授权。授权公关费用额度，一定范围内自己做主，充分发挥客户经理的自主能动性。

（4）配备资深员工作为其业务与生活导师，帮助其尽快融合企业文化，同时协调周边资源。

（5）每双周由其向管理团队汇报进展，增加曝光率，提升自信心与责任感、成就感。

小R在团队的帮助下，积极调整工作思路与方向，融入团队，充满激情地投入NA市场拓展中去。功夫不负有心人，经过半年的努力，小R圆满实现该国最大媒体资源客户的突破，年度绩效考核提升为B+。

故事并没有结束，在主管S及团队的支持下，小R越战越勇，在2013年、2014年两年持续攻城拔寨，表现勇猛，成为名副其实的战斗英雄，因业绩突出，连续两年考核为A，目前已被提拔为M国企业业务的渠道主管。

更上一层楼：GROW模型做绩效结果反馈

GROW模型最早由英国约翰·惠特默爵士（John Whitmore）在其出版

的《高绩效教练》一书中提出,现已成为企业教练领域使用最广泛的模型之一。企业教练是企业教练技术的一种,企业教练衍生于体育,是将体育教练的方法与技术应用到企业管理实践而产生的一种全新的管理方法、技术和顾问流派。

在体育竞技中,教练需要通过不断提问和积极倾听来激发潜能。教练的作用就是帮助选手消除内心的障碍,释放惊人的潜能,创造前所未有的奇迹。教练提出问题胜于直接告知,教练通过提出强有力的问题聚焦运动员的注意力,让运动员方向更加清晰。在绩效的结果反馈与日常沟通中亦是如此,主管如教练一般通过不断启发式地引导与发问,切入绩效问题的核心,帮被考核者厘清绩效改进的方向,与被考核者一道分析当前的状态与环境,共同对绩效的改善与提升做出合适、恰当的选择,确保公司绩效目标3+1对齐,确保员工的绩效提升有的放矢。

GROW模型概述

GROW模型由目标设定(Goal)、现状分析(Reality)、方案选择(Options)、强化意愿(Will)四个维度组成,四个词的首字母构成GROW,故称GROW模型,如图9-2所示。

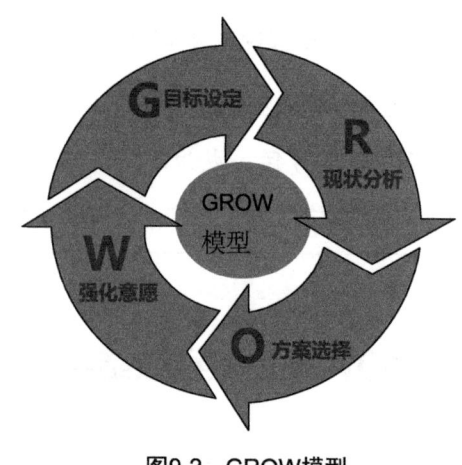

图9-2 GROW模型

在绩效结果反馈沟通中，GROW模型的提问框架可以设定为：

（1）目标设定。聚焦目标，主管与员工协商确定需要讨论的主题和期望达成的目标。

（2）现状分析。了解现状，了解与目标相关的各种要素和资源，探索当前的状况。

（3）方案选择。探索行动方案，探索可达成目标的方案并制订行动计划，可供绩效反馈过程双方选择的策略或行动方案。

（4）强化意愿。强化被考核者付诸行动的意愿。被考核者该做什么、何时做、谁做，以及这样做的意愿程度。

只有在企业的绩效实践中多模拟和固化，GROW模型才能成为主管管理绩效的真正武器，员工的执行力才会发生改变。

应用GROW模型进行绩效结果反馈

GROW模型代表绩效反馈与辅导的一个程序，主管（考核者）要向员工（被考核者）陈述谈话目的，不要让员工觉得云里雾里。为使GROW模型效能最大化，建议由主管在实践中参照以下关键步骤及其要点进行绩效结果反馈。

确定目标是什么

主管要清楚地向员工陈述谈话的目的；理解每种不同的绩效目标类型：终极目标、绩效目标和过程目标；理解不同目标类型的主要目的和期望；明确此轮谈话所期望的结果。

了解现状是什么

主管描述发现的问题，要求员工分析原因，避免盲目下结论，设身处地地倾听；就目前采取的行动评估当前的状况；明确之前采取的行动的结果和影响；就阻碍或限制当前进展的内部障碍和阻挠进行分析。

员工做什么选择

询问员工对问题的看法以及解决方案；通过提问鼓励创造性思考"还有没有更好的做法"；确定可能性和备选方案；将可能采取的方案策略列出一个详细的提纲。

员工的意愿是否强

主管与员工一起商讨行动计划，明确下一次的时间；感谢员工并表达主管对员工的信心；帮助梳理学习收获，并探讨如何改变以实现最初设定的目标；针对已确定步骤的实施情况进行总结，并创建相应的行动计划；增强员工信心；强化员工实现绩效目标的意愿。

在PBC应用中，作为一种教练技术、辅导方法，与师傅式或手把手辅导方法比较而言，采用GROW模型进行绩效结果反馈沟通，其优势是容易触发员工思考，主动认知，并做出承诺。缺点是对主管的技能要求更高，如技巧性的提问、耐心，所花时间也较长，同时要求主管具备一定技术、经验和解决问题的热情。

结果应用：考核什么，实现什么

> 坚持以奋斗者为本。企业要团结的是有意愿、有能力、能干成事的员工，而不是为了团结而团结。对于不想干事、不能干事的员工，继续实施不胜任调整及淘汰。
>
> （资料来源：团结一切可以团结的力量，电邮[2013] 143号）

对于企业来说，绩效管理是一种投资，它虽然需要时间和付出，但如果运用得当，它会给主管、员工和组织带来更多的回报！

考核与评价体系是一种最有力的杠杆，只要朝合理的方向稍稍撬动一下，就会释放巨大的能量。同时，考核与评价体系还是一个载体，企业的各项经营管理任务和目标，都可以通过这个载体传递下去。通常情况下，企业考核什么，就能实现什么，反之亦然，企业要实现什么，就可以考核什么。企业的绩效管理也是企业管理的指挥棒。

绩效管理是有回报的

对主管来说，绩效管理的回报

- 使主管不必介入所有正在进行的各种事务中。
- 通过赋予员工必要的知识来帮助他们进行自我决策，从而节省主管的时间。
- 减少员工之间因职责不明而产生的误解。
- 通过帮助员工找到错误和低效率的原因来减少错误和差错。

对员工来说，绩效管理的回报

- 使他们了解自己做的工作是好还是不好。
- 使他们知道自己有什么权力。
- 有机会学习新技能。
- 及时了解主管对自己的看法和意见。
- 及时得到完成工作所需要的资源。
- 员工将因为对工作及工作职责有更好的理解而受益。

对组织来说，绩效管理的回报

如果组织及其内部下属单位的目标都很清楚，并且它们同每位员工的任务相互关联，那么组织将更有效率。当员工知道自己的工作对企业成功的重要性时，员工的士气和生产率将提高，此外，还可以避免法律麻烦，避免辞退员工时无证据的错误。

绩效评价结果的应用

绩效评价结果体现了员工为企业创造的各方面价值，它为组织其他的人力资源开发提供了基础依据。

绩效评价结果用于员工奖金分配和薪酬调整

员工的季度评价得分与季度奖金挂钩，员工的年度评价得分与年终奖金挂钩。根据员工的年终绩效成绩不同，由部门主管提出工资调整意见，人力资源部审核，报企业主管领导批准后执行新的岗位工资标准。

绩效评价结果用于员工岗位调整和职务升降

通过分析绩效评价记录，若发现员工与现有工作岗位不适应，经分析查找原因后，必须进行岗位调整的，中层以下员工的调整由人力资源部在征求该员工所在部门主管的意见后做出调整；中层调整由人力资源部提出意见，报企业总经理批准后执行，根据评价结果对确实不能胜任工作的员工，可依法定程序终止劳动关系。另外，通过对员工在一定时期的连续绩效分析，选出绩效较好、较稳定的员工作为企业晋升培养对象或作为企业的后备人才。

绩效评价结果用于员工个人职业发展

绩效评价作为企业的一种导向，反映了企业的价值取向。绩效评价结果的运用，一是强化了员工对企业价值取向的认同，使员工个人的职业生涯有序发展；二是通过激励功能的实现，使员工个人的职业生涯得到更快的发展；三是通过考评信息的反馈，有利于员工认真分析自己的发展方向，有利于及时调整自己的职业生涯规划。

绩效评价结果用于培训教育

通过认真分析考评结果，能够发现员工的专业知识、工作技能的不足，帮助培训部门有的放矢地做好下一步的培训计划，提升员工队伍的整体素质。

绩效评价结果用于员工选拔和培训

有效的绩效管理有利于人才的培养和选拔，若选拔出来的优秀人才实际绩效考核结果很好，那就说明选拔是有效的；反之，就说明要么选拔不够有效，要么考核有问题。培训之后一段时期内，员工绩效水平得到提高，说明培训发挥了一定的作用，否则说明培训没有取得预期结果。

绩效评价结果用于员工制订个人发展计划或绩效改进计划

通过绩效评价结果，主管及员工均可从不同角度看到员工的优势及不足。对于不足方面，主管可协助员工制订绩效改进计划，不断提高员工的绩效水平。

绩效评价结果用于人才激活、沉淀

若绩效不佳的员工不再积极进取，将逐渐成为沉淀层，并最终会被淘汰出局；但若他们接受培训并勇于拼搏，通过提高自身能力不断提高自身业绩，则他们将在竞争中取胜。因此通过有效的绩效管理，企业可以把平庸之才进行激活，形成优胜劣汰的激励机制，不断地提高企业员工的整体素质。

绩效评价结果用于增进上下级间的沟通与交流

在评价实施过程中，在下达下属季度绩效计划、半年绩效计划、年度绩效计划前，主管、下属员工之间要充分沟通，协商确定绩效计划，然后付诸实施。在每次评价结束后，直线主管要把绩效评价结果反馈给员工个人，通过沟通与交流，说明其不足之处，并指明其今后努力的方向。这种机制，让主管与下属员工有了充分沟通的机会与渠道，也有效保证了工作任务的高效执行。

绩效考核与实施最终要落实到具体的责任人，并根据绩效评价结果，进行必要的奖惩、胜任能力的评估、职业与岗位的调整、奖金与激励的及时兑现，最后人力资源部要根据整体绩效的评价情况进行全企业人才的盘点。

事实证明，不与绩效评价结果挂钩的绩效管理，是没有约束力的，员工会不以为然。

在某次季度绩效考核会议上，营销人员A说："最近销售做得不太好，我们有一定的责任，但主要责任不在我们，竞争对手纷纷推出新产品，比我们的产品好，成本更低。所以我们不好做，研发部门要认真总结。"

研发经理B说："我们最近推出的新产品是少，但我们也有困难呀。我们的预算被财务部门削减了。没钱怎么开发新产品呢？"

财务经理C说："我是削减了你们的预算，但你要知道，企业的采购成本一直在上升，我们当然要控制对研发的投入了。"

采购经理D说："我们的采购成本是上升了10%，你们知道为什么吗？俄罗斯的一个生产铬的矿山爆炸了，导致灯杆的价格直线上升。"

这时，ABC三位经理一起说："哦，原来如此，这样说来，我们大家都没有多少责任了。"

人力资源经理F说："这样说来，我只能去考核俄罗斯的矿山了。"

的确，原因找到了，可绩效结果呢？这显然不是绩效管理的目的。

第九章　PBC结果反馈

好的绩效管理可以促进企业整体业绩的良性发展，使强者更强，激励、鼓舞绩优的员工，淘汰、鞭策绩差的员工。随着绩效系统的完善与改进，好的绩效系统将营造出优胜劣汰的企业生态管理系统。

绩效结果出来了，无论结果多么残酷都得执行，结果是无情的，不等于人是无情的，不等于执行是无情的，执行也可以温情。

管理高手同时也是绩效结果应用的高手。韦尔奇是非常重视绩效结果应用的领导，GE的活力曲线也是一个确保绩效结果落地的实用工具，尤其是5%~10%的淘汰率，让绩效结果说一不二。他当了21年GE的CEO，为GE创造了空前的价值，他的秘书在他退休后谈到他如何处理高管的离职时说："他与高管最后的会面并不是惨烈、痛苦的画面，而是珍重告别。最重要的是，他能够真正做到无情考核，有情解雇，使离开的人觉得公正公平，没有意外、没有怨恨地离开。"

第二篇

PBC实战解码

第十章

PBC实施保障

不反馈是PBC绩效管理过程中的通病，也是现今VUCA时代的沟通大忌。时代方向与发展趋势总是在变，员工如果不反馈，确切地说，不及时反馈，管理者就会贻误战机，浪费机会。

S2S反馈系统就是一个专治各种不反馈的神器，不仅适用于企业的PBC绩效管理，也适用于企业的日常管理。S2S反馈系统下，凡不反馈者必追——追问、追责、追究。

绩效管理实施的顽疾：不反馈

准确的绩效评价结果是绩效反馈的基础，失真的绩效评价结果无疑会增加绩效反馈的难度。准确评价员工绩效是一项复杂工作，导致很多企业的绩效评价并不如人意。欧美国家的调查显示，高达90%的企业对自己的绩效管理不满，不满的诸多理由中评价结果不够准确是其中重要的一项。这就直接导致了绩效反馈在很多组织里开展得并不顺利，或者效果并不理想。

员工的自我防范是一种较为常见的现象。当一位员工被指责为工作绩效不佳时，他的第一反应很可能就是矢口否认。一旦矢口否认，他就不会去反省自己是否称职。绩效反馈应该指明员工工作的不足，但员工的自我防范心理有可能成为改进工作的障碍。

因为员工对绩效反馈结果抗拒，所以有的管理者就不反馈，或者不及时反馈；有的管理者为了避免正面冲突，就派下属直接通知被考核者的绩效结果。

绩效结果不反馈是绩效管理实施、绩效管理改善的"拦路虎"，也是绩效管理的顽疾。

"员工不胜任工作可以随时解除劳动合同吗？"周一一上班，HK企业的

人力资源经理苏小梅就接到了销售部片区总监刘明的电话。

"可以的，刘总。"又是刘明，苏小梅心里咯噔一下，小心地应答着。

"销售部的张成，半年没有业绩了，害得上半年我们区域PBC得了有史以来的第一个C。张成他必须走人。"

"张成是没有业绩，但解除劳动合同也要与他协商。"

"这有什么协商的？没有业绩就得走人，这是销售部的规矩，你们人力资源懂不懂？"刘明有点儿不耐烦了。

"我不管，我后天回公司，不要让我再见到他。"刘明说完就把电话挂了。

苏小梅第二天与销售部的领导陈总进行了简单的沟通，陈总也没说什么。下午，苏小梅与张成进行了例行的谈话。

"你不能听刘总单方面的意见，整个区域不只是我张成一人没有业绩，这不公平，我有意见。我们业务员凭业绩说话，这个常识我们都懂。我第一季度的PBC为何是C？刘总也没有与我细说，只是告诉我一个结果。我对这个C也有意见。平时也没有人与我沟通我的日常绩效问题，再者，C也不是最差的。怎么一下子就谈到解除劳动合同呢？你们人力资源也太霸道了。"张成毫不示弱。

"平时的绩效沟通少是事实，可是你的绩效不达标也是事实。"苏小梅似乎想让谈话早点结束，语气也不友好，一场谈话草草结束。

结果，当然并未如刘明所愿。

被逼离职的张成向劳动仲裁院提起了劳动争议，他的理由有两点：一是绩效为C，不符合企业解除劳动合同的条件；二是他的日常绩效主管没有及时反馈、及时辅导，绩效考核结果在团队中的情况自己完全不知道。

在绩效管理过程中，主管因不敢得罪人，不想或者不愿给被考核者做绩效反馈并不鲜见。许多主管为了自己工作的方便，不想得罪下属，尤其是绩效差的下属。绩效的日常沟通尚且做得不够充分，绩效反馈也是能省就省，能快就快，导致许多被考核者直到发工资或者被处罚时才知道自己的绩效考核不合格，需要改进。

绩效管理要把绩效结果的反馈列入绩效管理制度中，形成惯例，形成规矩，甚至形成企业文化，这就有效地避免了绩效结果对于被考核者的延迟效应，及时绩效纠偏，及时绩效改进。

绩效结果反馈不及时，或者不反馈、不沟通，通常是造成劳动争议的缘由。

S2S反馈系统：专治不反馈

S2S反馈系统的理论基础及产生背景

朱兰（Joseph H. Juran）博士是世界著名的质量管理专家，他所倡导的质量管理理念和方法始终影响着世界及世界质量管理的发展，他的"质量计划、质量控制和质量改进"被称为"朱兰三部曲"。

"朱兰三部曲"围绕事前计划、事中控制和事后改进进行全过程管理。绩效管理也需要类似的事前督察、事中督办、事后督责这样完整的闭环系统。于是，践行"事事有回复、件件有落实"的S2S反馈系统应运而生。

S2S反馈系统的概念和要点

1. S2S反馈系统的概念

S2S反馈系统，全称"督查督办督责系统"，读作"StoS反馈系统"，S2S参考了时下流行的O2O、B2B等命名形式，这样便于在企业内部高效传播。S2S反馈系统的有力推动能够确保绩效管理PBC系统的全面推进，该系统是通过对PBC管理的事前督查、事中督办、事后督责来保障的一整套管理系统。

S2S反馈系统是确保PBC绩效管理有效实施、全面落地的重要手段，在绩效管理的全程发挥着关键作用。S2S反馈系统是推动企业重要绩效管理会议决议、领导重要批示、指示及重大决策部署中关于绩效管理问题落实，贯彻上级精神，保证决策实施，推进战略规划，强化各职能部门责任意识，提高各部门工作效率与执行力的有效途径。

2. S2S反馈系统的要点（见图10-1）

图10-1 S2S反馈系统的要点

S2S反馈系统遵循1个核心：谁主管，谁负责，整体协作。

S2S反馈系统运行有2种形式：日常例行督办，重大专项督办。

S2S反馈系统督办的3个层级：周例会督办、高管会督办、董事长督办。

S2S反馈系统有4个准则：不改变原有工作汇报流程，不改变原有组织架构，不改变原有管理隶属关系，不改变决策者地位。

S2S反馈系统的5个要求：事事有回复、件件有落实；交必办、办必果、果必报；下属及时请示、汇报、抄报；上级及时指导、协助、抄报；定期通报、及时公布，有总结、有建议。

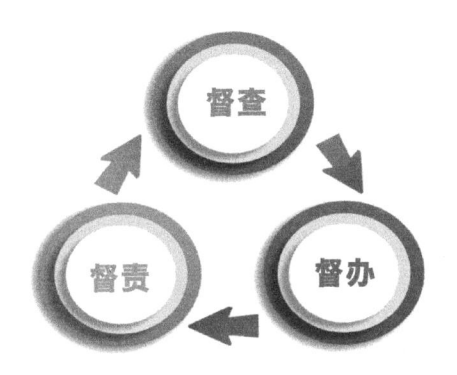

S2S反馈系统的运行

S2S反馈系统通过对PBC的事前督查、事中督办、事后督责的闭环，达到对PBC的全过程管理。图10-2 展示了S2S反馈系统的运行。

图10-2　S2S反馈系统的运行

湖南某知名动漫企业自2015年起在质量系统中推行S2S反馈系统，随着S2S反馈系统的深入、持续推进，全面增强了全员的质量意识；改进了产品售后服务质量，与客户关系更加紧密，使客户对企业产品更加信赖；提高了市场的接受度及认知度；降低了经营成本和维护成本，提升了企业的效益；减少了责任事故，保证了企业的和谐与社会的稳定。

S2S反馈系统推行之后，全员更加关注用户体验与用户感知，员工的创造力、创新力被唤醒。

企业在内部互通、互动的沟通机制的建设上，不断提升中高层管理者的领导力和创新力，积极引入其他行业（如制造业）的管理思想和方法，通过逻辑严谨的分工授权和职责划分，调动员工的积极性，促进团队意识和团队精神的提升。

高压力、高责任的体制带来的是对于问题的快速反应。中高层管理者围绕战略目标和业务策划开发多种形式的沟通机制，包括多种形式的项目工作会议、网上交流和学习培训等，获取员工和相关方关于企业业务发展和推进的实际反馈。中高层管理者主动开发和设立信息获取渠道，收集整理反馈信息并用于业务改善，同时发动团队成员、相关方、合作伙伴开展业务推进的讨论和头脑风暴。企业设立相应的激励机制，保障员工和管理者的双向沟通，提升员工参与管理决策的成就感，提高各业务板块应对客户的快速反应能力。

S2S反馈系统因涉及全体员工、所有层级，影响面广，只要与质量有关、与项目有关、与客户有关，均属于S2S反馈系统的管辖范畴。这使得S2S反馈系统自实施以来，引起了该动漫企业在管理上一系列重大变化。

最大的变化是在S2S反馈系统的推行过程中凡问题必追，凡问题必查，凡问题必审，从而及时纠正了部分员工的不端行为。随着S2S反馈系统的推行，项目审计的力度逐渐加强，该企业全面推行阳光合作计划、阳光伙伴计划、阳光供应商计划等，员工约束更加规范、严谨、有序。S2S反馈系统在推行过程中，总经理邮箱也应运而生，一线员工最真实的声音与建议得以传至高层。

S2S反馈系统的推行如催化剂一般，在企业内部持续引发了管理优化的连锁反应。三年来，客户满意度持续上升，企业在业内遥遥领先。

S2S反馈系统的本质：不啰嗦，马上办

VUCA时代，一切皆有可能，机会更是稍纵即逝。不反馈是VUCA时代企业发展的一颗"毒瘤"，得铲除。

高效运行、有责必追的S2S反馈系统是VUCA时代保证绩效反馈及时实施

的手段与工具。S2S反馈系统所要求的核心仍是企业的执行力。对于一个现代企业来说，高效的执行力是企业竞争力的基础。华为的强大也与华为的强执行力有关。

华为的执行力

提到华为的执行力，总让人联想到任正非的军人背景，连李一男当年领导华为中央研究部时的口头禅也是军人常说的"令行禁止"。领导行为决定下属行为。华为人的低调务实，与任正非这个行为典范有直接的关联。华为内部一直流传着这样一个关于"车的故事"。

有一年，任正非去新疆办事处视察工作，当时华为的新疆办事处主任特意租用了一辆加长的林肯牌轿车去机场迎接任正非。任正非刚下飞机，看到接他的是一辆豪华轿车，当时就非常气愤，上车后就把办事处主任臭骂了一顿。他认为派这样的轿车纯属浪费，办事处的一般车辆就足够了，即使办事处车辆不够，他也完全可以坐出租车。任正非越说越生气，干脆指着那位主任的鼻子说："你只要派司机来就可以了，为什么还要亲自来迎接？现在你应该待的地方是客户的办公室，而不是坐在我的车里！"

任正非践行的"客户永远第一，客户至上"的务实作风也使华为内部会议的效率极高，参会者的发言都是直奔主题，绝对不允许讨论与主题无关的"废话"。

建设一支有凝聚力的高执行力团队，是现代企业面对全球化竞争的基本条件。

三一重工的执行力

三一重工也是一家具有强执行力的企业，奉行疾慢如仇的企业文化。

三一重工要求"事不隔夜"。在颇具特色的三一重工早餐会上，董事长和总裁会提出今天要解决的问题，高管必须回去开会组织讨论，安排相关人员落实。对三一重工的高管来说，如果事情完成不了，不仅早餐吃不好，睡觉都不踏实。如此压力并不是每个人都能扛得住的。一位三一重工的高管曾表示，他到三一重工工作两年多，比在原来工作节奏很快的外资企业七年的工作量总和还多。

针对早餐会，三一重工还有专门的"董字方针"。董事们会抛出各种针对企业发展的症结问题或者行业前端亟须解决的问题，相关部门会记录下来，并加以具体落实，落实情况有专人跟进。"董字方针"保证了董事会的智慧结晶能真正落地，转化为成果。

疾慢如仇，已经成为三一重工文化DNA。在梁稳根等人看来，不讲速度和效率的错失良机，简直就是犯罪。

三一重工之所以成为中国股权分置改革第一股，与其快速的执行力有关。在三一重工的决策者拍板后，三一重工的行动可谓神速。2005年4月29日，中国证监会发布通知，股权改革的试点正式启动。第二天，三一重工大股东三一集团及其他非流通股股东，即向中国证监会提交了股改方案。5月8日，证监会确定了包括三一重工在内的首批4家企业的试点名单，5月10日，三一重工率先公布了股权分置改革方案。

S2S反馈系统可以有效地确保绩效反馈的及时与到位。透过现象看本质，S2S反馈系统的本质就是不啰嗦，马上办，有人督办，不办就追查，查完就追责，追责就兑现。

S2S反馈系统是一个为确保绩效系统落地、有效执行的管理工具。

第十一章

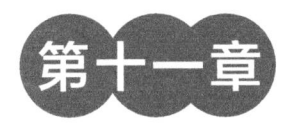

PBC的关键成功因素

关键因素：不沟通，无绩效

> 团结、沟通是我们工作永恒的主题。
>
> 当一个部门不愿与别的部门协调，当一个人不愿与别人用会议来调整双边或多边关系的时候，实际上这个部门已没有必要存在，至少这个人不能做这个部门的领导。华为是有严格分工、实行矩阵管理的企业，没有协调就没有运动。那些还在种一亩三分地的员工，要迅速转变工作作风，团结在华为这个高速运行的、规模较大的企业身边，这显得尤其重要。不能搞好团结的人，不仅不能做各级部门的领导，而且作为一位普通员工都有困难。
>
> （资料来源：当干部是一种责任，任正非在市场部全体正职集体辞职仪式上的讲话，1996年）

绩效评价离不开沟通

强调沟通是华为PBC成功实施的基础之一。华为PBC的考核频率是季度考核。华为非常重视每次考核之后直属主管跟下属员工之间的绩效沟通、绩效反馈及绩效改进计划。

所有主管都认为绩效评价很重要，但几乎所有主管都不太愿意为绩效沟通空出时间与精力。部分主管甚至认为沟通是多余的、费时的，甚至就是走过场，于是在绩效评价的实际操作中，经常出现部分员工通过公告才知道自己的绩效结果的现象。

绩效指标体系的建立及目标的确定离不开沟通

绩效指标体系是通过将企业战略分解与员工岗位职责相结合来设定的。在绩效指标体系的建立和目标的确定过程中，建议采用混合式沟通，因为目标的确定是双向沟通的过程，而且目标不能定得太高或太低，太高没有激励作用，太低没有实施价值。无论是考核指标的设定还是目标的确定，都需要主管与员工之间充分沟通。只有通过充分沟通，员工才能知道自己的考核指标和目标。

PBC的制定离不开沟通

PBC在员工与主管的不断沟通中得以制定，它不是简单的任务分解或对上级命令的执行。只有通过充分沟通，才能使员工的绩效目标与部门的绩效目标相融合，同时保证企业的绩效目标与部门的绩效目标紧密结合。这样既提高了员工个人的参与感，也通过目标的层层分解保证了企业目标的切实执行。目标逐级分解的沟通过程，也是企业管理层将压力逐级传递的过程。

PBC绩效管理离不开沟通

罗伯特·巴克沃（北美绩效管理专家）一直主张绩效管理是一个持续的沟通过程，该过程由员工和直线主管之间达成的协议来保证，并在协议中对未来工作达成明确的目标和理解，将可能受益的组织、管理者及员工都融入绩效管理系统中。他甚至认为，没有沟通的绩效管理，不如没有。

在PBC绩效管理中，通过有效沟通，经双方确认的目标责任书、工作计划表是绩效评价的基础。有以下几种情况会造成绩效沟通在工作目标计划完成上的意见分歧：

（1）主管对工作计划的制订不重视、不关心，对下属制订的工作计划不审核、不反馈、不指导，评价时再与员工工作计划进行比对。

（2）主管对下属工作任务的分配没有长期规划，经常临时指派，导致当初制订的工作计划流于形式，不能作为评价时的客观依据。

（3）当整个部门的目标、计划由于客观原因有较大调整时，主管不与下属沟通，不修订下属的目标责任书、工作计划表，导致评价时没有合理的客观依据。

在目标分解时，主管要与下属充分沟通，共同制定目标，最终使目标成为大家的共识。在下属制订个人工作计划时，主管要对其要进行辅导，至少要有审核、沟通、反馈，最终形成双方签字认可的工作计划表。当部门目标、计划有较大调整时，主管要及时与下属沟通，调整其目标责任书及工作计划表，采用新的文件作为评价的依据。双方沟通后，要将临时指派的工作量较大、影响原计划任务完成的任务，作为追加任务，加入目标责任书及工作计划表，并且双方签字确认。

有效的双向沟通是发挥绩效评价激励作用的前提

考评不是目的而是手段，它创造了主管和下属定期沟通的良好机会，是主管与下属共同探讨前期工作中取得的成绩和存在的问题，以及主管进一步指导下属制订改进计划的过程。考评不是为了得出考核结果，将下属分出三六九等。即使主管工作太忙，下属太多，都不能成为主管不沟通的理由。对主管来说，沟通就是职责。在绩效评价沟通中特别要注意以下两点。

注重双向沟通，学会倾听

有一次，我与下属沟通绩效，因感觉下属工作不太好，能力也稍弱，于是滔滔不绝地告诉他应该怎样做，不应该怎样做，根本不给他讲话的机会，而下属也不断地点头。我感觉这次沟通非常好，但事后了解到，那位下属原本想利用这次沟通机会谈谈他的工作思路及对管理的看法，却没有得到讲话的机会。

注重沟通信息的全面性

绩效沟通是一种特定的沟通，有其特定的沟通内容，主要包括：

（1）上年度、季度的绩效完成情况（对照目标责任书、工作计划表）。

（2）员工工作方面的优点。

（3）员工需要改进的地方。

（4）员工的改进计划。

（5）下年度、季度员工的目标责任、工作计划。

（6）考评结果的依据。

真正有效的绩效管理是主管与下属之间持续沟通的过程。绩效管理的本质是主管与下属之间就绩效目标的设定，以及为实现绩效目标而进行的持续不断的双向沟通过程。在某种程度上，沟通是绩效管理的本质与核心，它贯穿于绩效管理的始终。制订绩效计划与拟定绩效目标需要沟通，帮助员工实现目标需要沟通，年终评价需要沟通，分析原因并寻求进步更需要沟通。离开了沟通，企业的绩效管理必将流于形式。

物质激励：重赏之下必有勇夫

> 要按价值贡献拉升人才之间的差距，给火车头加满油，让火车跑得更快些及做功更多。践行价值观一定要有一群带头人，不要按管辖面来评价确定员工的待遇体系，一定要按贡献和责任结果，以及他们在此基础上的奋斗精神。目前人力资源大方向政策已确定，下一步要允许不同场景、不同环境、不同地区有不同的人力资源政策。
>
> （资料来源：任正非在华为2013年度干部工作会议上的讲话，2014年）

在天涯论坛华为世界的《心情驿站》栏目，有一则华为总裁嘉奖令。

从艰苦地区和重大项目中提拔有成功实践经验的干部是企业一贯的干部选拔导向。在2012年10月埃塞俄比亚电信网络扩容项目LOT1中，华为中标50%市场份额，并进入首都价值区域，一举扭转了埃塞俄比亚的市场格局。

该项目企业重大项目部与北非地区部组织有力，项目组全体人员勇于直面挑战、不怕困难、敢于亮剑，充分展现了团结合作的精神，践行了艰苦奋斗的核心价值观。经总裁批准，特对北非地区部、企业重大项目部、埃塞俄比亚代表处及相关项目组颁发总裁嘉奖令，予以通报表彰。同时，给予项目组600万元的项目奖励，并对此项目做出突出贡献的以下项目组关键成员予以晋升，以资鼓励。潘国强等人个人职级提升两级，其他项目组成员均得到不同程度的职级提升。

当时这则消息引发了华为所有人的讨论：埃塞俄比亚团队为什么被奖励600万元？埃塞俄比亚项目有多困难？华为的这一高调做法表明了其他代表处、其他项目组在碰到同样的问题时，只要能拿下和埃塞俄比亚差不多的项目，就可能得到重奖，个人职级就可能提升两级。

所谓"重赏之下，必有勇夫"，只要给出了重奖，勇夫很可能就出来了。

华为的另一个案例是关于数字通信业务的。以前数字通信业务非常难做，没人愿意投入，因此数字通信业务一直也没做起来。后来，华为引入了重奖，公告栏上每天都是奖励的喜报。

激励有序：先有激励，后出绩效

> 关于激励，"获取分享制"应成为企业价值分配的基本理念。敢于开展非物质表彰，导向冲锋，激发员工活力，企业就一定会持续发展。
>
> 所有细胞都被激活，这个人就不会衰落。拿什么激活？最为重要的一点，血液就是薪酬制度。社会保障机制是基础，"获取分享制"是一个发动机，两者确保以后，企业一定会持续发展。"先有鸡，才有蛋"就是我们的假设。因为我们对未来有信心，所以我们敢于先给予，再让他去创造价值。只要我们的激励是导向冲锋的，企业将来一定会越来越厉害。
>
> （资料来源：任正非在人力资源工作汇报会上的讲话，电邮讲话[2014]057号）

企业的绩效管理要有效、有意义，不仅在于绩效管理的方法与手段是多么科学合理、先进主流，还在于绩效管理背后的分配机制。目标有可能完成得很好，也有可能完成不了，这都不是最重要的。最重要的是，市场上的机会是否都抓住了，主管、员工自身的资源是否被充分利用了。如果以上两点都是肯定的，就说明主管与员工已经拼尽了全力，即使目标没有完成，只要有利润还是要分享的。

打造高绩效团队的必要条件有很多，如合理的排兵布阵、完善的组织建设、精细的项目管理、良好的绩效管理。在实现团队目标的过程中，作为创造价值的主体，员工的努力和付出是非常重要的。大家是否齐心协力，是否愿意努力，对团队绩效起着决定性作用。如何激发员工努力的意愿，从而发挥其最大的潜能？最重要的手段之一，就是有效激励。

激励在先，自动自发

一个开餐馆的个体老板，每天早上五六点起床卖早点，晚上十点多还在卖夜宵，从来没有人给他设定绩效目标，也没有PBC。个体老板能够自动自发，道理大家都知道，因为赚的钱都是自己的。

这说明，绩效管理要有效，前提是要有激励，激励到位了，目标是多少也就不重要了。个体老板只要把他的全部资源（店面、人力、食材、手艺、时间等）都充分利用了，满足了更多食客的吃饭需求，有了更多收入和利润就可以了，至于他每月或每天的合理目标是多少，他就不用关心了。

绩效沟通环节的激励

在绩效沟通环节，主管可以试着用类似"有没有信心把这件事情做到最好""有没有信心克服这个困难，提升自己"等问题去激励员工，而且员工要使用坚定的语气回答。

主管可以在全员会议上这样激励员工："我们部门的每个人，都充满激情和活力，都能成为响当当的骨干。"这种激励可以出现在总结会议、述职会议上。但主管要注意：只能偶尔使用这种激励，如果经常使用，大家就会有脱离感，感觉不真实；要在正式会议上使用，也可以通过邮件发送给员工，但不要在团队聚餐、团队活动时使用。

主管也可以像教练一样，不仅能辅导员工，还能有效地激励员工。对于工作上有问题的员工，主管要以教练的身份，不厌其烦地辅导他、纠正他。对于因性格影响工作的员工，主管要在非正式场合，如吃饭、聊天时，以朋友的身份给予善意提醒，在轻松的氛围中引出问题。

在恰当的时机送出恰当的激励

员工日常工作中所展现的行为，一般由自己的行为观、性格习惯所驱使。要想改善员工的行为，就要找到这个根由。主管可以批评员工事情做得不好，但永远不要打击其梦想。主管采取的常见措施有：

（1）单独与员工一起吃饭、谈心，让员工感到被重视。

（2）尽量寻找大家都感兴趣的活动，多组织这类活动，重点引导不爱活动的人参与进来。

（3）每次在将重要工作分配给员工前，可以适当地激励员工。比如："这次攻关难度很大，让你来担当，是考虑了你在组织、沟通、技术方面的潜力。希望你不只把它当作一项工作来完成，更重要的是当成对自己的一次提升和挑战。"

（4）批评要切中要害，而且要化批评为激励。

认可激励：华为管理另式武器

关于荣誉激励，不仅要扩大对优秀员工表彰的激励面，而且要鼓舞正气上升，让英雄辈出。

> 国家可以"六亿神州尽舜尧""遍地英雄下夕烟",我们为什么不可以英雄辈出?要给做出优秀贡献的员工发金牌。人人都可争当英雄,有人的地方就有英雄。我认为企业每年30%~40%表彰覆盖面应该是可以接受的,比如,企业或部门金牌奖5%~10%由行政管理团队管理,公示并接受员工评议;道德遵从委员会组织民主评选的"明日之星"是20%,或多一点。这么高的覆盖率,大家都有可能被评选上,才会去积极争取。企业在非物质激励的管理上,也会增加机会给大家更多的激励。
>
> (资料来源:任正非就非物质激励工作优化的座谈纪要,电邮讲话[2014]085号)

认可及认可激励

认可作为激励的一种重要形式,在组织的报酬系统中是至关重要的,但往往被管理者或主管忽视。

在员工看来,金钱不具有特殊奖励的价值,所以很容易被人淡忘,但组织的认可能够给员工留下一个持久的印象与感觉。礼物或纪念品可以是一个象征,使成功的印象得以扩展,员工被认可。认可作为一种有效的激励方式,它和金钱一样重要。

认可激励,是指对员工的价值贡献及工作努力及时给予关注、认可或奖赏,从而激励员工开发潜能,创造高绩效,提升员工满意度、敬业度。只要员工做出有利于企业、有利于客户、有利于自我成长的事,就要对其给予肯定或奖励。认可的内容包括绩效认可、员工发展认可、管理改进认可、文化认可、员工关爱认可、合作认可、客户认可等,也包括随时进行的评价认可、微认可等。

认可激励是一个很学术的称谓,准确地表达了激励形式的多样化。除了最为常用的物质激励,人需要获得更多的满足与自我实现,认可激励则在很大程度上符合这种要求。

华为将员工的认可激励移到了员工手机客户端上,随时激励、随时点赞,包括绩效认可、培训认可、管理改进认可、文化认可、协作认可、员工关系认可等。认可激励也是华为非物质激励中重要的组成部分。

认可激励也要有仪式感

"我觉得将来你们发明日之星、发奖牌,可以搞一个仪式,要强调仪式感,要让人记得住。你们那个明日之星评下来,把奖牌悄悄一塞就走了,没有仪式感。这次看《深海利剑》,里面毕业的仪式很隆重,我们可以花点钱让他们牢记,他的光荣就是责任。他拿到这个东西就是责任。你们制造系统可以适当拿点钱先做起来,让大家发奖的时候有一种荣誉感。师傅带徒弟,徒弟好了之后,能不能有奖励?这也是一种小鼓励,肯定师傅的传帮带。你们可以拿出一个适合我们的考核方法,包括升级规则、考核标准、师傅带徒弟等。徒弟超过师傅给师傅啥奖励?奖励就是我们现在的兑换币。因为升级是要自己能胜任,不能胜任升级,这个奖励是有问题的。我们在内部也要营造出工匠的文化氛围,在考核、激励等方面,牵引员工自觉追求高质量,形成工匠的文化氛围。"任正非在一次员工座谈会上如是说。

认可激励的方法

认可激励的方法是多种多样的,不同的企业可以根据自己的情况编制自己的"激励菜谱"。激励菜谱是将所有激励形式汇编、汇总。在企业里,激励的方法实际上分为两类:一类是企业层面上的,需要企业高层决定,基层经理或主管不可以直接动用,必须经过授权或企业做出决议后才能动用(见表11-1);另一类是基层经理或主管可以直接动用的,主管自己就可以决定(见表11-2)。

表11-1　华为激励菜谱（基层经理或主管不可以动用）

方　　法	特　　点
设计未来奖励发放 　　在企业使命和目标前提下，由全体员工共同设计企业的未来，设计奖励发放，全体员工都属于奖励的对象，整体奖励计划由员工来推动；不仅每个人都有资格得奖，而且每个人都有资格参与选拔得奖人 　　方法：自由提名，分级筛选，员工投票 　　类似的奖励：品质类、卓越类	优点： ● 提高员工的参与感 ● 提醒员工关注企业未来 ● 通过对共同未来的认可，增强归属感和凝聚力 ● 花费不多 缺点： 　可能会占用较多时间
百分俱乐部 　　方法：全勤20分，完全遵守规则20分，客户无投诉20分，节省成本20分（可根据部门近阶段工作的重点安排），合理化奖励20分 　　类似的奖励：最高得分奖、最低得分奖	优点： ● 使员工为荣誉而努力 ● 使员工了解和明白可以改进的方向 ● 操作简单方便 缺点： 　处于得分中间的员工可能失去前进动力
排行榜 　　方法：设立全部门的绩效排行榜，每月（季）将员工的业绩进行排序，同时举行打榜比赛，获胜者有奖。可设"榜主奖"，对于连续3个月名列第一者发奖 　　类似的奖励：销售额比赛、利润比赛、质量比赛等	优点： ● 活跃气氛的同时提高效率 ● 对绩效不好者有压力 ● 简单、方便 ● 是一种竞赛活动 注意事项： ● 要有一定的企业文化环境 ● 了解员工目前最关注的是什么 ● 规则不能复杂 ● 奖励要有诱惑性 ● 活动结束，尽快奖励
旅游 　　方法：让员工携带配偶或同伴出去旅游或团体旅游 　　类似的奖励：考察、参观、听音乐会、做专项研究、露天联欢会、看足球比赛	优点： ● 较高层次的奖赏 ● 绝大多数员工希望带着自己的配偶去想去的地方，这是很好的奖励 缺点：昂贵；离开工作岗位；耗费体力，可能影响工作

（续表）

方　　法	特　　点
职业发展 方法： ● 依据员工各自的业务送他们去外面参加会议、讲习班或研修班 ● 让员工在职攻读更高的学位或学历，如 MBA ● 举办内部培训，让员工参加 ● 为员工制订专项职业发展计划 ● 公布明确的职业发展路径	优点： ● 大多数员工相信，给予员工特殊的在职培训是一种积极的激励 ● 如果企业出钱让他们读 MBA 的话，对他们是一个很好的激励 缺点： ● 比较昂贵 ● 可能影响工作，如脱产
晋升 / 增强责任与地位 方法： ● 升职或升级 ● 主持一个项目 ● 做顾问 ● 给予充满荣誉的职务 ● 给予特别任务	优点： 　一般来说激励效果明显 缺点： ● 职位有限 ● 增强某个人的地位可能会有负作用 ● 难以多次重复使用
企业股份 方法： ● 将企业的若干股份作为奖励，给员工以期权等形式，或者直接奖给员工 ● 员工持股计划 ● 每名员工都有分红的权利 ● 内部股	优点： ● 使企业成为员工自己的企业 ● 为了自己的事业而工作 缺点： ● 股价变更敏感 ● 有时代价很高 ● 难以操作
加薪 方法： ● 提高基本工资标准 ● 增加津贴额 ● 增加其他取得更多收入的机会	优点： ● 加薪是一件令人高兴的事 ● 对于迫切希望挣很多钱的员工来说，具有激励作用 缺点： ● 有不少员工认为是应该的 ● 成本较高 ● 由于加薪一般是定期进行（年度）的，有不少员工认为是应当的、例行的

（续表）

方　法	特　点
特殊成就奖 方法： • 表扬员工在职责之外的特殊表现 • 奖励员工的重大成就 • 改善服务奖 • 明星计划 • 革新奖 • 内部发明奖	优点： • 有弹性、易操作 • 优秀员工获得满足感和成就感 注意事项： • 只奖励第一次的表现 • 需要明确什么是特殊成就，不可滥用
福利 方法： • 美味的工作餐（免费） • 严格的社会保障 • 额外的商业保险 • 为员工提供饮料或食品 • 报销子女的部分入托费或学费 • 交通补贴 • 住房补贴 • 班车 • 住宅电话 • 健康保险储蓄 • 购买健身卡 • 送健身器械 • 节日礼金 • 付钱为员工订杂志等	优点： • 培养员工的归属感 • 感受企业对员工的关怀 • 与其他企业相比有优越感 • 稳定大多数员工 缺点： • 费用比较高 • 如果企业没有良好的竞争机制，福利项目很容易养出惰性 • 与员工工作成就无关
业绩奖 方法： • 提成 • 季度奖 • 年终奖 • 先进业绩奖 • 赠送贵重物品	优点： • 促进员工努力完成企业最重要的目标——利润 • 奖励业绩良好的员工，刺激业绩增长 注意事项： 　奖励与业绩之间要有准确的关系，使员工心服口服

表11-2 华为激励菜谱（基层经理或主管可以动用）

方　　法	特　　点
• 主管亲自向下属道贺	• 不要经常做
• 公开表扬 • 让员工到办公室，当面感谢 • 帮助员工做一件他最不愿意做的事 • 请企业的老总或让你的上司会见你的下属，表示感谢	• 选择关系到企业的重大工作完成后进行
• 一块去吃饭，你请客	• 只要你能承受
• 看到员工做得好，立即表扬他 • 员工有哪些地方做得好，立即告诉他 • 告诉其他员工，你对某个员工的工作相当满意	• 随时
• 讨论员工的想法或建议时，首先对这个建议予以适当的肯定	• 随时
• 写工作报告时，要提到执行工作的员工姓名，不埋没员工的功劳 • 替员工承担过失	• 偶尔
• 使用优秀员工的姓名来为某一计划命名	• 注意分寸
• 部门内部"排行榜" • 送鲜花给有成绩的女员工 • 把高层人士给杰出员工祝贺的相片拍下来，送给他	
• 一个项目完成后，外出放松半天，干什么都行	• 请示后进行
• 让优秀员工做某个项目的临时负责人	• 只要项目决定权在你
• 请你的上级给杰出员工写贺信	• 注意分寸
• 送下属虚拟的业绩，使他的业绩达到某一数量	• 分清场合，注意分寸
• 把你手中的客户交给员工做，增强其信心	• 对新入职者
• 把其他一些好差事交给员工做 • 替员工应付一些难对付的客户 • 让员工代表部门参加企业会议	• 特别有必要时
• 给予员工更多的辅导 • 和员工一起讨论问题 • 在业务会上专门提到员工的业绩 • 把企业给部门的旅游、出国等名额给员工 • 帮助员工处理家庭难事	• 让其他员工知道

第十一章 PBC的关键成功因素

（续表）

方　　法	特　　点
• 集体旅游	• 请示后，部门集体自费
• 会餐	• 集体自费
• 让员工参加同业大会或专业性会议 • 让员工去拜访大客户 • 让员工去风景好的业务地点出差	• 只要有机会就可以做
• 陪员工一起健身	
• 让员工坐在部门位置最好的座位	• 座位的位置可以显示重要性
• 出差买玩具给员工的孩子	• 偶尔
• 给员工接触到企业高层的机会	
• 请下属到家里做客	• 只要你的配偶同意
• 当着朋友或配偶的面表扬下属	
• 介绍名人或专家给你的下属	• 公开表扬
• 围绕杰出下属成立项目组	• 立即
• 表扬那些能够替别人着想的员工 • 当听到别人对你的下属正面评价时，尽快让下属知道，必要时当面告诉他	
• 向企业高层反映下属的建议，并提到下属的名字，并把上层的肯定意见即时反馈给下属 • 用图表或三角板展示部门员工业绩	• 立即
• 生日祝贺	• 部门内
• 让下属主持部门会议	• 可以轮流
• 定期向员工通报企业的状况，把其他员工的特殊表现或其他部门的特殊贡献提出来	• 取得上司同意
• 与下属商量部门内的重大决定	• 单独进行
• 设立一个部门特别奖 • 搞小活动，给员工一个意外惊喜 • 部门内小型聚会	• 取得上司同意
• 为祝贺某位下属取得的成就，在部门里举行一次未事先通知的庆祝会	
• 授权给优秀的下属	• 就某件事授权

（续表）

方　　法	特　　点
• 让下属诉苦 • 让下属自己制订工作计划 • 让下属挑选某项工作	• 非计划内

制度样板：PBC绩效管理办法

湖南××××股份有限公司PBC绩效管理办法

1. 考核目标与适用范围

1.1　通过有效的绩效考核，形成以绩效为导向的管理机制。

1.2　通过考核帮助每位员工提高工作绩效与工作胜任力，建立适应企业发展战略的人力资源队伍。

1.3　为员工成长、职业发展、薪酬、股权激励等提供依据。

1.4　适用于股份企业全体员工及各事业部、子企业总经理、企业财务总监。

2. 职责

2.1　提名与薪酬委员会职责

提名与薪酬委员会为绩效管理的最高机构。企业总裁担任组长，成员由股份企业高管团队（副总裁及以上人员）及部门负责人组成。负责薪酬与绩效管理方案和制度程序的研讨和审批、考核申诉的最终处理。

2.2　各部门负责人、各事业部负责人参与本部门、本事业部员工考核。审计监察部负责对考核全过程合规性的审计。

2.3 人力资源部职责。

2.3.1 负责考核工作的培训与指导。

2.3.2 负责考核的组织与统计汇总。

2.3.3 负责各部门考核的监督与检查、指导、协调，处理各级人员关于考核申诉的具体工作。

2.3.4 更新维护企业级的KPI指标库。

2.3.5 维护员工考核档案。

2.4 各部门负责人职责。

2.4.1 负责本部门、本事业部员工个人绩效考核承诺卡的审批、考核，汇总本部门员工考核结果，按要求提交考核结果到人力资源部。

2.4.2 帮助本部门、本事业部员工制订工作计划，必要时组织员工绩效沟通，帮助员工制订改进计划。

3. 考核的权限、周期及时间安排

3.1 董事会考核或授权考核股份企业高管团队（副总裁及以上）、各子企业总经理及财务总监目标管理责任书的执行情况；季度考核，年底兑现。

3.2 总裁考核或授权考核各部门、各事业部负责人及副职目标管理责任书的执行情况；季度考核，年底兑现。

3.3 各部门、各事业部负责人考核本部门、本事业部员工个人绩效考核承诺卡；季度考核，季度兑现。

3.4 员工在异地或出差时，考核须使用企业邮件系统中注册的邮箱予以考核确认。

3.5 考核时间安排。

考核对象与考核结果	考核时间与考核流程		备注
	时间	内容	
• 股份企业高管团队、各事业部总经理及财务总监 • 各部门、各事业部负责人及副职	4月10日前 7月10日前 10月10日前 1月20日前	签署年度目标管理责任书	
		公布第一季度目标管理责任书考核结果 公布第二季度目标管理责任书考核结果 公布第三季度目标管理责任书考核结果 公布年度目标管理责任书考核结果	考核时间与季度销售会议时间同步
		董事长考核或授权考核股份企业高管团队（副总裁及以上）、各子企业总经理及财务总监目标管理责任书的执行情况 总裁考核或授权考核各部门、各事业部负责人及副职目标管理责任书的执行情况 季度考核，年底兑现	销售部负责各事业部数据统计 人力资源部负责各部门数据统计
其他员工考核	4月10日前 7月10日前 10月10日前 1月10日前	各部门、各事业部负责人及副职填写部门、事业部月度工作计划，分别报部门分管领导审批 各部门、各事业部其他员工填写个人绩效考核承诺卡，报部门、事业部负责人审批	
		股份企业分管领导考核各部门、各事业部及副职的目标管理责任书 部门、事业部负责人考核下属员工个人绩效考核承诺卡（营销类、非营销类）	
季度考核结果	4月10日前 7月10日前 10月10日前 1月20日前	各部门、各事业部负责人： • 与员工沟通、签字确认考核结果 • 汇总考核结果，提交人力资源部	
		人力资源部： • 汇总全企业考核结果，报企业批准 • 核算员工季度绩效工资	
年度考核结果	次年1月20日	• 人力资源部组织年度考核 • 各部门、各事业部实施年度考核、年度绩效沟通 • 人力资源部公布年度绩效结果 • 年度绩效考核结果运用	

4. 考核内容

4.1 考核类别：目标管理责任书、个人绩效考核承诺卡（营销类、非营销类）。各部门、各事业部月度工作计划作为考核的参照，不作为考核依据。

4.2 目标管理责任书：适用于股份企业高管团队，子企业高管团队，各部门、各事业部负责人及其副职。

4.2.1 经营目标：反映被考核部门、事业部或个人可以量化的经营成果，如销售合同额、销售回款、安装成本等。

4.2.2 管理目标：反映被考核部门、事业部或个人职能职责的定性指标，如质量体系推进的有效性、仓储管理的规范性、销售支持满意度等。

4.2.3 经营目标、管理目标在不同考核对象间的权重。

部门分类	对应部门	权重（%）		备注
		财务指标	管理指标	
营销类	销售部、国际业务部、各事业部	80	20	
工程采购类	工程部、售后服务中心、采购部	80	20	
研发技术类	研究中心	70	30	
财务行政类	财务部、行政部、人力资源部、审计监察部、质量控制部、市场部	70	30	

4.3 个人考核——个人绩效考核承诺卡（营销类、非营销类）。

个人绩效考核承诺卡由"季度核心工作计划""关键岗位职责""日常行为态度"三部分组成。"季度核心工作计划"占50%，以书面承诺形式体现季度重点工作、核心工作，按各项的重要性依次排序；"关键岗位职责"占30%，反映员工关键岗位职责的胜任程度，与员工的岗位说明书内容相对应；"日常行为态度"占20%，反映员工日常行为、工作态度表现是否优秀。

4.4 考核种类与类别关系表。

考核对象	考核类别			考核周期	考核表格	说明
	总裁或其授权人	部门负责人、事业部负责人	业务归口管理部门			
股份企业高管团队	√			季度考核年底兑现绩效工资	目标管理责任书 • 各部门、各事业部季度考核目标管理责任书完成情况 • 可参照各部门、各事业部月度重点工作计划考查	• 关注中长期目标 • 结果导向 • 关注结果
各部门、各事业部负责人 子企业高管团队	√			季度考核年底兑现绩效工资		
各部门、各事业部不主持工作的副职		√		季度考核年底兑现绩效工资		
各部门其他员工		√		季度考核季度兑现绩效工资	个人绩效承诺卡 （营销类） （非营销类）	• 关注季度工作的落实 • 结果导向 • 关注过程
各事业部会计、售后人员		30%	70%			
各事业部其他员工		√				

注：年度考核以目标管理责任书的完成情况为依据，结合年度工作总结综合评议。

第十一章 PBC的关键成功因素

4.5 三种类别考核的关联关系。

考核对象	考核关联关系说明	备注
股份企业高管团队	股份企业高管团队得分＝年度目标管理责任书得分	董事长考核或某授权人考核
各部门、各事业部负责人及副职 子企业的高管团队	部门、事业部负责人得分＝年度目标管理责任书得分 部门、事业部不主持工作的副职的得分＝负责人年度目标管理责任书得分×30%＋本人年度目标管理责任书×70% 子企业的高管团队得分＝年度目标管理责任书得分	
其他员工	员工季度考核得分＝员工季度考核得分 各部门员工年度考核得分＝部门负责人年度目标管理责任书得分×20%＋∑员工季度考核得分平均分×80% 各事业部员工年度考核得分＝部门负责人年度目标管理责任书得分×5%＋∑员工季度考核得分平均分×95%	

4.6 考核得分与等级、系数对应表（五个等级）（60分以下按实际分数，不设保底）。

考核得分	95分以上	90~95分	70~90分	60~70分	60分以下
等级	A	B	C	D	E
对应系数	1.1	1.0	实际分数/100	实际分数/100	实际分数/100

注：1. 考核系数为A等以上须经分管领导批准。部门绩效工资总额超出部门预算时，须报企业总裁或董事长批准。

2. 90分以下人员按实际分数/100作为考核系数，无保底。

4.7 部门绩效与员工绩效关系（适用于年度考核）。

部门、事业部绩效	员工绩效				
	A（优秀）	B（良好）	C（合格）	D（需改进）	E（差）
A（优秀）	不超过15%	不超过20%	不超过60%	不超过5%	自定
B（良好）	不超过10%	不超过15%	不超过65%	不超过10%	自定
C（合格）	不超过5%	不超过10%	不超过70%	不超过15%	自定
D（需改进）		不超过5%	不超过70%	不超过20%	不低于5%
E（差）		不超过5%	不超过60%	不超过25%	不低于10%

注：1. 人数按照四舍五入取整，如果部门的人数偏少，比例由绩效管理委员会根据部门绩效进行确定。

2. 部门负责人对部门员工绩效考核得分进行排序，然后根据部门绩效等级分布比例，确定员工绩效等级。

各部门的年度考核结果须遵循以上比例。对于特殊情况，由部门申请，人力资源部审核，总裁批准后，方能做出调整。

4.8 员工薪资构成中绩效工资的比例（此处略）。

5. 考核结果与指标调整

5.1 个人的考核得分出来之后，可根据被考核对象所在部门或事业部的考核结果进行调整以修正考核中打分的不公平性。考核系数为A等以上须经分管领导批准。所在部门绩效工资总额超出部门预算时，须报企业总裁或董事长批准。

5.2 考核结果与绩效工资关系。

5.2.1 适用目标管理责任书且年度考核的员工。绩效工资=留存工资总额×年度考核绩效系数。绩效系数与分数对应关系见4.6条。

5.2.2 适用个人绩效考核承诺卡（营销类、非营销类）季度考核员工。

绩效工资=季度绩效工资×季度考核绩效系数。季度考核成绩作为季度绩效工资发放依据；年度考核成绩作为年终奖金发放依据，适用于作为补齐制的员工是否补发年度内扣除绩效的依据。

5.2.3 考核结果作为年底奖金分配方案依据（另附）。

5.3 考核结果的确定要经过考核者和被考核者双方签字确认。必要时，考核者要与被考核者做绩效沟通。

6. 考核应尽可能避免的问题

6.1 权责不当，标准不符。安排某项任务，未赋予相应的权力，致使工作不能如期完成。

6.2 绩效权重不当。任务绩效占的比重偏低，态度和纪律占的比重偏高，即使按考核制度执行，结果也由遵守纪律情况好坏决定，这样考核使员工倾向遵守纪律，而较少关注个人绩效对于绩效得分的影响。

7. 考核结果运用

7.1 表彰：设立年度优秀员工奖。每个部门提名1~2名候选人，以考核结果为参照，部门评议优秀员工或明星员工，提交企业批准。

辞退：若连续两个季度考核结果为"E"，退回人力资源部或辞退处理。

7.2 后备人才储备和人事调整：对在年度考核结果为"A"者，可填写"管理层后备资源表"，记录每次考评结果，作为企业的人才储备库；考核为"D"者，应予以降工资1级；考核为"E"者，给予降工资1级及3个月的绩效改善期，改善期满后，经考核仍不能达到企业要求者，则进行淘汰。在绩效考核中连续两年成绩处于"E"者，企业将予以淘汰。年度考核成绩处于"E"的部门或事业部负责人职务降1级。

7.3 培训与发展：优秀员工奖的获得者应被列为重点培养对象，实施外派培训、轮岗培训等激励方式；绩效考评结果低于岗位要求者，实施培训计划。

7.4 员工年度考核结果永久存入员工个人档案，作为员工评价的主要依据。

7.5 绩效考核结果在员工职业生涯规划中的体现：

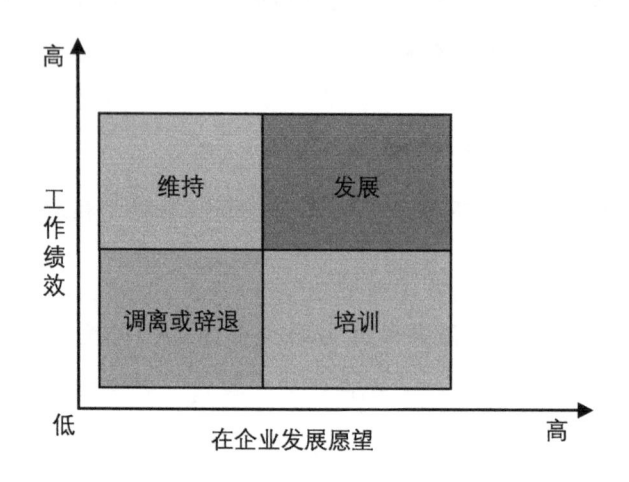

	在企业发展愿望 低	在企业发展愿望 高
工作绩效 高	维持	发展
工作绩效 低	调离或辞退	培训

7.6 员工薪资调整、岗位异动、职业规划、培训计划等将结合员工绩效考核结果与员工任职资格管理综合考虑。

8. 考核申诉

8.1 任何参加考核与被考核的员工对考核结果均有权利申诉。申请复核的员工，到人力资源部填写员工复核申请表。

8.2 申诉时效为直线主管初评结束后的2天内，申诉以书面报告的形式呈现。

8.3 企业薪酬与绩效考核委员会在接到员工复核申请后，在3天之内以书面形式给予员工答复，逾期未答复，则视为同意员工复核申请表上员工自己的评定结论。

8.4 员工的绩效考核结果经考核委员会复核后，如有变化，则需在员工绩效考核表中注明复核结果，并由绩效考核管理委员会组长或授权人签字确认。

9. 管理规定

9.1 对于考核过程中提供虚假数据者，一经查实，将给予记大过、劝退，甚至除名处理。对于考核中逾期未提交个人绩效承诺卡者，一次警告、二次通报、三次给予记小过处分，影响考核进度者追究当事人直接责任。

9.2 部门或事业部负责人发生异动的，根据异动时期分段计算考核权重。

9.3 所有考核者、数据来源提供者对所考核内容、所提供内容真实性负责，并手写签名，无签名视同无效。

9.4 严格按照3.5条的时间要求完成个人绩效考核承诺卡的填写、审批。

9.5 试用期内工资按转正工资80%执行的，无绩效工资；按转正工资100%执行的，绩效工资比例参照4.8条执行。试用期内的考核结果作为员工转正的依据之一。

10. 支持文件与表格

10.1 股份企业年度经营计划、各企业年度经营计划。

10.2 各部门、各事业部年度／月度工作计划。

10.3 岗位说明书。

10.4 各部门KPI表。

10.5 员工行为态度考核参照表。

10.6 个人绩效考核承诺卡（营销类）（非营销类）。

10.7 员工绩效沟通表。

第十二章

PBC Plus

第十二章 PBC Plus

PBC作为企业绩效管理工具，相对于其他绩效工具而言，能形成上下同欲、力出一孔的绩效氛围，可解决企业绩效管理过程中出现的大多数问题，但它不是万能的。因为企业对于一个人的评价往往是多维度、多层次的，这样才会更加客观，效度才会更高。

周边绩效

作为一家大型的、综合型的企业，华为从来不会仅仅使用某个绩效工具。企业的规模越大，绩效管理的需求与形式也会更加多样化。华为会根据各种绩效工具的特点及自身的实际需要而有所侧重。1995年之前是华为野蛮生长的时代，那时的考核更多的是简单的MBO考核及360度考核两个工具的结合，更多关注单个团队、单个人员的绩效，而较少顾及绩效管理系统。1996年与Hay合益咨询公司合作之后，华为引入了KPI考核，再到后来逐步引入了目前广泛使用的PBC绩效管理系统。华为现行的绩效管理系统仍由PBC主导，360度考核作为辅助。对前沿管理技术趋之若鹜的华为来说OKR目前也只是在其部分业务单元中使用。

PBC绩效管理主要针对的是员工的工作绩效，以员工具体岗位的工作内容、个体的工作能力、完成工作的熟练程度和工作知识的全面与否等因素作为评价的指标，以员工的岗位责任结果作为评价的依据。与PBC工作绩效不同，周边绩效是PBC的有益补充。

何谓周边绩效

周边绩效（Contextual Performance）又称关系绩效，是指与周边行为有关的绩效。周边绩效对组织的绩效核心没有直接贡献，却可以构成组织的社会和心理背景，能够促进组织内的良好沟通，在人际和部门之间起到沟通的作用，是组织内的天然润滑剂。周边绩效可以为企业的发展壮大营造良好的组织氛围，对工作任务的完成有促进和催化作用，有利于员工任务绩效的完成以及整个团队和组织绩效的提高。

相对于工作绩效而言，周边绩效的内涵是相当宽泛的，大致可分为五种情形：

（1）主动地执行不属于本职工作的任务，无私地为组织服务。

（2）在工作时表现出超常的工作热情，具有良好的工作状态。

（3）工作时帮助别人并与别人合作，具有很强的合作意识。

（4）坚持严格执行组织的规章制度，具有一定的纪律性。

（5）履行、支持和维护组织目标，热爱自己的组织，全心全意为组织谋取利益最大化。

周边绩效管理的特点

周边绩效的管理具有主动性，参与周边绩效的管理者需要主动与相关部门沟通，并且恰当地配合相关部门工作。周边绩效的管理具有时效性，在其他部门提出合理工作协助要求时，参与周边绩效的管理者需要在规定时间内迅速调动本部门资源，尽快协助解决相应问题。参与周边绩效的管理者在协助工作完成后，需要及时将完成情况反馈给要求协助的部门，并且应得到要求协助部门对其工作的高度评价。

不论管理水平多高的企业，都不可能把制度制定得很完善，把任务分配得天衣无缝。因为计划往往赶不上变化，每天总会有意想不到的事情发生。因此，企业必须把员工每天在计划外和职责外的付出以及贡献考虑到薪酬当中，即绩效考核不能单单考核工作绩效，还要考核周边绩效。

周边绩效管理的作用

提高员工服务的自主性

单纯的工作绩效评价会使管理导向偏差，它引导企业员工只重视自己工作任务的完成，个人利益驱动明显，漠视他人与企业利益。在对周边绩效的评价中，员工工作的主动性、员工的工作态度是很重要的评价指标，通过考核指标的设定以强化员工服务的主动性、自觉性。

有利于企业文化的建设

周边绩效是个体在组织的工作情境中的绩效行为，这种情境性使得个体的这种行为可以影响企业的工作气氛与形象。周边绩效的一些行为，如对企业工作的投入、严格遵守企业的规章制度、传播良好的意愿等都可以被认为是企业文化的一部分。周边绩效行为是在工作中的外显行为，也包括仪表、言行等内容，而企业鼓励的周边绩效行为可以表现企业的共享价值观与基本假设。建设人人自觉奉献的企业文化，形成人人自觉奉献的企业文化氛围，可以激发企业员工的工作热情与激情，不断推进经营创新和管理创新，最终实现员工和企业共同价值的创造。

有利于团队学习，提高竞争力

随着市场的日益变化，企业经营受到越来越严峻的挑战。以市场为核心，学习型组织与自我管理团队越来越受到管理者重视，因为这些方法能够适应市场的快速变化，具有相当的灵活性。与工作任务或工作业绩不直接挂钩会使周边绩效的评价非常有弹性；鼓励员工创新、提出建设性意见可以促进企业不断创新与发展；员工主动学习与发展使其更加具有适应能力与发展潜力，有利于员工职业生涯的发展。

PBC延伸

华为PBC绩效管理虽源自IBM,但华为的PBC与IBM的PBC有不同之处,IBM在考核上更注重结果,强调企业从上至下的指标分解,而且PBC对不同等级的员工个人需要承诺什么、达标的指标是多少也有明确的规定,作为员工,没有多少想象和发挥的空间。

华为PBC不光考核结果,对员工日常行为也有要求并进行考核。在华为,除了日常的绩效评价,还包括对劳动态度的评价(见表12-1)、对个人发展潜力的评价,而且这三项评价分别影响着奖金、退休金及股份。员工的升迁则需要主管全面权衡三项评价。

表12-1 华为员工劳动态度自检表

序号	行为参照	自检	备注
一、基本行为准则:一般要求			
1.1	在华为工作期间,不在外界担任任何兼职或顾问	□做到 □需改进	
1.2	在华为工作期间,不进行炒股、炒汇等投机活动	□做到 □需改进	
1.3	不利用工作之便接受任何形式的回扣	□做到 □需改进	
1.4	不在费用报销中私账公报,不以因公名义报销不合理费用	□做到 □需改进	
1.5	履行节约,合理开支,不铺张浪费	□做到 □需改进	
1.6	严守保密承诺,不有意或无意泄露企业机密	□做到 □需改进	
1.7	不泄露、打听个人或别人的报酬	□做到 □需改进	
1.8	在华为工作期间,不擅自以企业名义对外发表意见、担保或出席活动	□做到 □需改进	
1.9	业余时间,不聚众或参与赌博等不健康的娱乐活动	□做到 □需改进	
1.10	在华为工作期间,不自行参股或与他人合伙开办企业	□做到 □需改进	
1.11	不贪污、不受贿、不假公济私	□做到 □需改进	

(续表)

序号	行为参照	自检	备注
1.12	报销手机话费时，如实勾画私人话费	□做到 □需改进	
1.13	不在办公场所打无关紧要的私人电话	□做到 □需改进	
1.14	不利用企业网络资源从事与工作无关的活动	□做到 □需改进	
1.15	不利用企业电话打私人长途	□做到 □需改进	
1.16	上班时间不闲聊，不大声喧哗	□做到 □需改进	
1.17	不参加供应商、客户或其他有业务关系的组织提供的超出业务需要范围的交际活动	□做到 □需改进	
1.18	在客户、合作方和员工面前谦逊、有礼	□做到 □需改进	
1.19	将客人赠送的非文化礼品交公	□做到 □需改进	
1.20	不陪客人或自己去低级场所活动	□做到 □需改进	
1.21	接待工作中，不饮酒过量、失礼或影响工作	□做到 □需改进	
1.22	不散布对企业不利的言论	□做到 □需改进	
1.23	在对外事务中举止得体，不影响国家及企业形象	□做到 □需改进	
1.24	仪表端庄、大方，不在办公场所着无袖衣、背心、超短裙，不留怪异发型	□做到 □需改进	
1.25	在公共场所听课、报告会要尊重他人，不无故中途退场、起哄、交头接耳	□做到 □需改进	
1.26	乘车、乘电梯时，客户或女士、老人优先	□做到 □需改进	
1.27	上下班车排队	□做到 □需改进	
1.28	生活作风上严格自律，洁身自爱，遵守社会道德标准	□做到 □需改进	
1.29	开会不迟到，确不能与会时，提前告知会议召集人	□做到 □需改进	
1.30	在会议中或接待客人过程中，手机交秘书处理，不干扰和影响会议或接待效果	□做到 □需改进	
1.31	不以企业提供的工作和生活条件行个人方便	□做到 □需改进	
1.32	尊重各国籍、各民族员工的风俗，以礼相待	□做到 □需改进	

（续表）

序号	行为参照	自检	备注
基本行为准则：（针对管理者的其他要求）			
1.33	中高层干部不推荐操作类基层人员（尤其是亲属、朋友）入职	□做到 □需改进	
1.34	对下属不良行为及时批评纠正	□做到 □需改进	
1.35	尊重下属，不训斥、责骂下属，不影响下属工作情绪	□做到 □需改进	
二、责任心与敬业精神：一般要求			
2.1	热爱本职工作，对工作精益求精，不断学习并提高自身工作能力，推动工作进步	□做到 □需改进	
2.2	勇于承担工作责任，不推卸责任，并把解决问题作为首要任务	□做到 □需改进	
2.3	有风险意识，勇于创新、改进和推动工作，不怕犯错误	□做到 □需改进	
2.4	言行一致，切实履行自己做出的承诺	□做到 □需改进	
2.5	不玩忽职守，不重犯同样的错误	□做到 □需改进	
2.6	在工作中坚持原则，不感情用事	□做到 □需改进	
2.7	情况发生变化或遇到困难时，及时处理或报告有关领导，努力减免损失	□做到 □需改进	
2.8	不计较个人得失与个人恩怨，讲真话，不捂盖子，不隐瞒事实	□做到 □需改进	
责任心与敬业精神：（针对管理者的其他要求）			
2.9	善于培养和推荐优秀人才，包括比自己强的人	□做到 □需改进	
2.10	尽心尽力培养、引导下属进步	□做到 □需改进	
三、团队精神：一般要求			
3.1	在工作团队内能以工作目标为导向，对事不对人，勇于开展批评与自我批评	□做到 □需改进	
3.2	为团队目标的达成勇于承担工作中的困难	□做到 □需改进	

（续表）

序号	行为参照	自检	备注
3.3	尊重他人的人格，不用侮辱性的语言指责他人	□做到 □需改进	
3.4	襟怀坦荡，包容他人，主动分享资源，积极帮助他人	□做到 □需改进	
3.5	注意内部团结，不制造矛盾和事端，以诚待人	□做到 □需改进	
3.6	积极为营造团结向上的团队氛围做贡献	□做到 □需改进	
团队精神：（针对管理者的其他要求）			
3.7	对下属的考核与评价做到公正、客观	□做到 □需改进	
3.8	处处以身作则，做好下属的表率	□做到 □需改进	
3.9	与下属进行平等有效的思想沟通	□做到 □需改进	
3.10	充分、及时地肯定下属的成绩，不与下属抢功	□做到 □需改进	
3.11	主动学习他人包括下属的长处，吸纳他人的经验，接受下属的正确意见	□做到 □需改进	
3.12	评定奖金、股金等不一味强调本部门功绩	□做到 □需改进	

（资料来源：华为官网。）

填写说明：

（1）劳动态度自检表是在充分信任员工的基础上设计的，是为员工提供一个对照企业规定的劳动态度评价标准进行自我回顾与检查的机会，请实事求是地填写。

（2）在自检栏中，"做到"指完全按照标准要求做，未完全按照标准要求做的，无论程度如何均填"需改进"。

（3）对未涉及的行为参照栏中的特定行为，在备注栏内注明"未涉及"即可。

PBC朋友圈

MBO，管源头

> 成功就等于目标，其他的一切都是这句话的注解。
>
> ——美国潜能大师伯恩·崔西

MBO概述

成功等于目标，衡量一个人成功与否的标准就是看其是否实现了设定的目标；衡量一个企业成功与否的标准也是看其是否实现了股东们设定的目标。

MBO的英文是Management by Objects，俗称目标管理。企业的绩效管理是否成功与企业的MBO息息相关，MBO成功了，绩效管理自然也就成功了；MBO不成功，没有人能说绩效管理成功了。所以，MBO是绩效管理的源头，甚至是企业基础管理的源头。

MBO的概念是由管理专家彼得·德鲁克最先提出的。德鲁克认为，并不是有了工作才有目标，而是相反，有了目标才能确定每个人的工作。企业的使命和任务必须转化为目标，如果一个领域没有目标，这个领域的工作必然会被忽视，因此管理者应该通过目标对下属进行管理。当组织的最高层管理者确定了组织总目标后，必须对其进行有效分解，转变成每个部门以及每个人的分目标，管理者根据分目标的完成情况对下属进行考核、评价和奖惩。

MBO包括两方面内容：一是企业必须与每位员工共同制定一套可衡量的工作目标；二是主管定期考核员工目标的完成情况，从而确定员工的绩效水平。MBO包括计划、指导、考核和改进四个紧密联系的阶段，要求员工在实现企业目标的方向上努力，促进个人目标的达成、个人能力的提高。

MBO是一整套计划和控制系统，只有企业员工成功了，才可能有主管的成功和整个企业的成功，因此MBO是激励每位员工都取得成功。MBO的前提是个人、部门和企业的目标协调一致。

MBO是一种全面性、全员性、激励性的管理方法，由于其特别适合对各级管理者进行管理，因此在西方企业界被称为"管理中的管理"。

MBO的优点

（1）有助于提高员工的工作绩效，从而进一步提高企业的绩效。MBO可以根据员工的情况制定工作目标并进行不定期的考核，最终确定员工的绩效水平，使员工朝着自己制定的目标发展，尽快完成自己的目标，确定达到考核的指标。

（2）使企业的管理者根据迅速变化的竞争环境对员工进行及时的引导。一旦外界环境变化了，管理者就要根据环境的变化，重新制定员工的目标，员工也会根据实际情况去接受变化的目标。

MBO的特征

（1）多层次。目标是由多个层次构成的。对企业来说，目标可分为高层、中层和基层，分别对应企业的各级管理岗位；从职能管理上又分为一级、二级和三级，即企业级、部门级、班组级。通过要素、任务的结合把目标分为相互交织又相互作用的层次，从而使目标清晰可见。

（2）分阶段。目标的实现过程可以分为几个阶段。阶段性目标的完成，为总目标的实现打下了基础。阶段性目标的实现可能是递进的，也可能是并列的，不管哪一种，都是为了保证最终目标的实现。

（3）有功效。任何目标都是为了达成未来的一种状态和结果，因此具有显著的功效性。

（4）可分解。目标不但要指示方向，还要可分解为多方面的具体目标和任务。

山田本一是日本著名的马拉松运动员。他曾在1984年和1987年的国际马拉松比赛中，两次夺得世界冠军。记者问他凭什么取得如此惊人的成绩，山田本一总是回答："凭智慧战胜对手！"

大家都知道，马拉松比赛主要是运动员体力和耐力的较量，爆发力、速度和技巧都还在其次。因此，对山田本一的回答，许多人觉得他是在故弄玄虚。

10年之后，这个谜底被揭开了。山田本一在自传中这样写道："每次比赛之前，我都要乘车把比赛的路线仔细地看一遍，并把沿途比较醒目的标志画下来，比如第一标志是银行；第二标志是一棵古怪的大树；第三标志是一座高楼……这样一直画到赛程的结束。比赛开始后，我就以百米的速度奋力地向第一个目标冲去，到达第一个目标后，我又以同样的速度向第二个目标冲去。40多公里的赛程，被我分解成几个小目标，跑起来就轻松多了。如果开始我把目标定在终点线的旗帜上，那么当我跑到十几公里的时候就疲惫不堪了，因为我被前面那段遥远的路吓到了。"

这个故事告诉我们，目标是分阶段的，需要分解。一个人制定目标的时候，要有最终目标，如成为世界冠军，更要有阶段目标，如在某个时间内成绩提高多少。

目标被清晰地分解了，目标的激励作用就显现了。当员工实现了一个小目标的时候，员工就及时得到了一个正面激励，这对于培养员工挑战目标的信心的作用是非常巨大的！

MBO的缺陷

（1）没有在不同部门和不同员工之间设立统一的目标，难以对工作绩效进行横向比较，也不便为薪酬调整和职务升降提供依据，将造成许多员工的不满，有可能影响员工的积极性。

（2）实施MBO需要花费的物质成本和时间成本都很高，需要根据员工的实际情况设定，而不同员工的实际情况往往不同。

（3）目标设定的过程十分困难，而设定过程中管理者和员工之间的博弈往往造成目标的设定脱离了现实情况。

（4）外界环境随时都有可能发生变化。当目标设定后出现意外的变化时，如果变化有利于目标的完成，则评价结果将有利于员工的成长；如果变化阻碍了目标的完成，则评价结果可能打击员工的积极性。

MBO的前提条件

（1）清晰的发展战略。

（2）以发展战略为基础的3~5年中长期规划。

（3）以中长期规划为基础的年度经营计划，如销售计划、利润计划、生产计划等。

（4）以年度计划为基础的目标指标及其在各部门的任务分解。

（5）针对目标的评价与激励办法。

（6）实施MBO行动并采取措施。

（7）MBO过程结束后，对目标完成情况进行评价并兑现激励政策。

MBO考核样表

MBO考核样表如表12-2所示。

表12-2 MBO考核样表（工程部文员）

被考核者姓名：					
考核项目		标准分	评分标准	初评	复核
工作业绩（70）	协调管理	30分	（1）企业部门任务接收：企业各项目要求工程管理中心配合实施事务必须走OA程序，并严格执行审核、审批程序，每发现未按程序接收任务一次扣3分 （2）项目任务下单管理：工程管理中心、企业各部门间工作交接严格执行OA下单程序，每发现未按程序接收任务一次扣3分		
	资料档案管理	15分	存档各项目合同资料： （1）存档管理企业签订的各项目施工合同与分包合同、各项目重大技术确认函件，随时备查，每遗漏一次扣1分 （2）做好施工中项目文件的登记、传递、立卷、归档工作，做好保密工作；根据工作情况扣1~5分		
	项目实施情况汇编	10分	项目情况汇总： 每日施工中项目情况汇总并发送给企业相关领导，每遗漏一天扣2分		
	事务工作	5分	项目生产、技术会议的事务工作及函件起草：根据部门安排与企业行政部对接，预定会议室并通知参会人员；做好会议纪要并发送到各参会部门，每遗漏一次扣2分		
	协调管理	5分	会议精神传达及部门协调：项目工作任务的下达及会议决定的跟踪，协调参与该项目各部门之间的关系，促进相关工作的推进，根据工作情况扣1~5分		
	其他工作	5分	领导交办工作满意度：根据工作情况扣1~3分		

（续表）

工作能力（20）	专业知识	5分	（1）熟练掌握业务知识及其他相关知识，计5分 （2）熟练掌握本岗位所具备的专业知识，但对多媒体相关知识了解不多，计4分 （3）基本具备本岗位需要的专业知识，但对其他相关知识了解不多，计3分 （4）专业知识有所欠缺，计2分	
	分析判断能力	5分	（1）非常强，能迅速地对客观环境做出较正确的判断，并能灵活运用到实际工作中，取得较好的业绩，计5分 （2）较强，能对复杂的问题进行分析和判断，但不能灵活运用到实际工作中，计4分 （3）一般，能对问题进行简单的分析和判断，计3分 （4）较弱，不能及时地做出正确的分析与判断，计0~2分	
	沟通能力	5分	（1）能灵活运用多种谈话技巧和他人进行沟通，计5分 （2）有一定的说服能力，能有效地化解矛盾，计4分 （3）能较清晰地表达自己的想法，计0~3分	
	灵活应变能力	5分	（1）应变能力较强，能根据客观环境的变化灵活地采取相应的措施，计5分 （2）有一定的灵活应变能力，计3分 （3）思想比较保守，应变能力较弱，计0~2分	
工作态度（10）	主动性与责任心	5分	（1）积极主动完成工作任务且对自己的行为负责，除了做好自己的本职工作，还主动承担企业内部额外的工作，计4~5分 （2）自觉地完成工作任务，但对工作中的失误有时推卸责任，计1~3分 （3）工作马虎，不能保质保量地完成工作任务且工作态度极不认真，计0分	
	出勤率	3分	月度出勤率达到100%，得满分，迟到一次扣1分	
	日常行为规范	2分	违反一次，扣1分	

（续表）

本次考核总得分：		
被考核者签字：	年 月 日	
考核者签字：	年 月 日	
复核人签字：	年 月 日	

注：综合评分90~100分，评定等级为"优"；综合评分80~89分，评定等级为"良"；综合评分70~79分，评定等级为"合格"；综合评分70分以下，评定等级为"不合格"。

360，少才行

对于360度考核，建议要尽量减少其使用的权重比例，其不应作为国内企业主导的绩效管理工具，只能作为其他绩效管理工具的补充。

为什么？看一个案例。

人力资源部的刘升最近遇到了一件麻烦事。

前天中午刚从外面吃饭回来，董事长周董就怒气冲冲地找到了刘升，要求他立马将某王姓项目经理换掉！理由是"对他非常不满意"，认为他缺乏责任心，工作主动性不高。刘升还在一头雾水当中，周董已经摔门而出。

刘升跟王经理有过一面之缘，但并不熟，也不太了解王经理的工作。怎么办呢？作为HR，不能说让人家走就让人家走呀，总得有个理由。什么理由呢？刘升有些拿不定主意。

王经理非走不可吗？

见刘升有些犹豫，同事绩效主管小W劝道："刘经理，我们要不用绩效考核试试，看大家的评价如何，既然老板不满意，工作表现也不怎么样，不如用考核结果说话。"刘升心烦气躁，也懒得细想，就答应了。

第十二章　PBC Plus

刘升为了考核王经理的胜任力，特地安排绩效主管小W组织一次针对王经理的全面考核。

为了使决定更具说服力，小W决定采用360度反馈，通过对王经理自己、上级领导、同级同事、下属员工及客户的调查，对王经理进行了一次全面的评估。

王经理同预算部主管有矛盾，但纯属业务矛盾。预算部主管认为王经理的态度不好，情绪易激动。王经理也意识到了这个问题，因为项目经理的职责要求他雷厉风行，高效执行，有什么事赶紧做，有什么话直接说，这让他得罪了不少人，预算主管就是其中一个。预算主管强调的是，他的工作跟王经理确实存在一些利益需要博弈的地方，但说到底，那都不是事儿，只是工作本身。

在下属眼中，王经理是"最好的老大"。据基层员工的反馈，王经理在项目的运营管理过程中，非常富有激情，而且极度人性化，在员工中享有很高的人气。王经理以结果为导向的思维，更令人拍案叫绝，但这是一把双刃剑，一方面，它成就了高效的团队和完美的业绩，另一方面，某些"活行为"却不可避免地跟企业的"死制度"相违背。据了解，企业某些管理制度确实存在漏洞。

客户对于王经理的工作非常满意，并表达了和他继续合作的意向。

同级的其他同事认为王经理业务很好，乐意跟他做队友，不愿意跟他起冲突，因为"他有时候太较真了，只要自己认为合理的事，就去做，不太顾及别人的感受，但结局总是好的，我们也拿他没办法"。

为了慎重起见，小W给各个相关部门发送了360考核表格，约定三天之后提交汇总。

三天之后，考核结果如约而至，王经理最终得了一个B，良好。

刘升望着考核结果，脸色也随之变得难看。

360度考核概述

360度考核又称交叉考核，最早由被誉为"美国力量象征"的典范企业英特尔首先提出并加以实施。

360度考核是指从员工自己、上司、直接部属、同事甚至客户等各个角度来了解个人绩效：沟通技巧、人际关系、领导能力、行政能力……通过这种理想的绩效评价，被考核者不仅可以从自己、上司、部属、同事甚至客户处获得多种角度的反馈，也可从这些不同的反馈中清楚地知道自己的不足、长处与发展需求，使以后的职业发展更为顺畅。

360度考核的绩效评价主体与客体

（1）评价自己。评价自己即自我评价，是指让员工针对自己在工作期间的绩效表现评价其能力，并据此设定未来的目标。当员工对自己做评价时，通常会降低自我防卫意识，从而了解自己的不足，进而愿意加强、补充自己尚待开发之处或不足之处。

（2）同事的评价。同事的评价，是指由同事互评绩效的方式来达到绩效评价的目的。对一些工作而言，上级与下属相处的时间与沟通机会，反而没有下属彼此之间多。在这种上级与下属接触的时间不多，彼此之间的沟通也非常少的情况下，上级要对下属做绩效评价也就非常困难。相反，下属彼此之间工作在一起的时间很长，他们之间的了解会比上级与下属更多，所以，他们之间的互评会比较客观，而且同事之间的互评可以让彼此知道自己在人际沟通方面的能力如何。

（3）下属对上级的评价。这对传统的人力资源工作者而言，下属对上级的评价似乎有点不可思议，但随着知识经济的发展，越来越多的企业让员工评价其上级的绩效，此过程称为向上反馈。这种绩效评价方式对上级潜能的开发特别有价值。管理者可以通过下属的反馈，清楚地知道自己的管理能力有什么地方需要加强。若管理者对自己的了解与下属的评价之间有太大落差,则可针对这个落差,深入了解其中的原因。因此,一些专家认为,下属对上级的评价会对其管理才能的发展有很大裨益。

(4)上级对下属的评价。这是绩效评价中最常见的方式,即绩效评价的工作是由员工的直线主管来执行的。因此,身为主管必须熟悉评价方法,并善用绩效评价的结果作为指导下属、发展下属潜能的重要武器。

360度考核的操作要点

(1)准备阶段。准备工作相当重要,它影响着评价过程的顺利进行和评价结果的有效性。准备阶段的主要目的是使所有相关人员,包括所有评价者与被评价者,以及所有可能接触或利用评价结果的管理者,正确理解企业实施360度考核的目的和作用,进而建立对该评估方法的信任。

(2)评估阶段。组建360度考核反馈队伍。必须注意评估要征得受评者的同意,这样才能保证受评者对最终结果的认同和接受。

(3)评估培训阶段。为避免评估结果受到评估者主观因素的影响,企业在执行360度考核方法时需要对评估者进行培训,使他们熟悉并能正确使用该技术。此外,理想情况下,企业要根据本企业的情况建立自己的能力模型,并在此基础上设计360度考核问卷。

(4)360度反馈阶段。分别由上级、同事、下属、相关客户和本人按各个维度标准进行评估。评估过程中,除了上级对下属的评估无法实现保密,其他几种类型的评估最好采取匿名方式,必须严格维护填表人的匿名权及对评估结果报告的保密性。大量研究表明,在匿名评估的方式下,人们往往愿意提供更为真实的信息。

(5)结果形成阶段。在提供360度考核评估报告时要注意对评价者匿名需要的保护,还有重要的一点,要确保其科学性。例如,报告中列出各类评价者一般以3~5人为底线;如果某类评价者(如下属)少于3人的话,则必须归入其他类。

360度考核样表

360度考核样表如表12-3所示。

表12-3 360度考核样表

姓名： 岗位名称： 得分：

项目及考核内容		分 数	自评	审 核
领导能力 15%	善于领导下属提高工作效率，积极达成工作计划和目标	15 分		
	灵活领导下属顺利达成工作计划和目标	13~14 分		
	尚能领导下属勉强达成工作计划和目标	11~12 分		
	不被下属信赖，下属工作意愿低	7~10 分		
	领导方式不佳，下属不服或反抗	7 分以下		
策划能力 15%	策划系统，能力精进	15 分		
	尚有策划能力，工作能力求改善	13~14 分		
	称职，工作表现尚可	11~12 分		
	只能做交办事项，不知策划改进	7~10 分		
	缺乏策划能力，须依赖他人	7 分以下		
工作任务及效率 15%	能出色完成工作任务，工作效率高，具有卓越创意	15 分		
	能胜任工作，效率较高	13~14 分		
	工作不误期，表现符合标准	11~12 分		
	勉强胜任工作，无甚表现	7~10 分		
	工作效率低，时有差错	7 分以下		
责任感 15%	积极，有责任心，能彻底完成任务，可放心交代工作	15 分		
	具有责任心，能完成任务，可交代工作	13~14 分		
	尚有责任心，能如期完成任务	11~12 分		
	责任心不强，需有人督导，亦不能如期完成任务	7~10 分		
	无责任心，时时需督导，也不能完成任务	7 分以下		

（续表）

项目及考核内容		分数	自评	审核
沟通协调 10%	善于上下沟通，平衡协调，能自动自发与人合作	10分		
	乐意与人沟通协调，顺利完成任务	8~9分		
	尚能与人合作，达成工作要求	7分		
	协调不善，致使工作较难开展	5~6分		
	无法与人协调，致使工作无法开展	5分以下		
授权指导 10%	善于分配权力，积极传授工作知识，引导下属完成任务	10分		
	灵活分配工作或权力，有效传授工作知识，指导下属完成任务	8~9分		
	尚能顺利分配工作与权力，指导下属完成任务	7分		
	欠缺分配工作权力及指导下属的方法，任务推进偶有困难	5~6分		
	不善于分配权力，无法指导下属，内部时有不服及怨言	5分以下		
工作态度 10%	品德廉洁，言行诚信，立场坚定，足为楷模	10分		
	品行诚实，言行规矩，平易近人	8~9分		
	言行尚属正常，无越轨行为	7分		
	固执己见，不易与人相处	5~6分		
	私事多，经常利用上班时间处理私事或擅离岗位	5分以下		
成本意识 10%	成本意识强烈，能积极节省，避免浪费	10分		
	具备成本意识，并能节约	8~9分		
	尚有成本意识，尚能节约	7分		
	缺乏成本意识，稍有浪费	5~6分		
	无成本意识，经常浪费	5分以下		

评价者签名： 上一级主管确认： 考核日期：

360度考核的优点

360度考核打破了由上级考核下属的传统考核制度，可以避免传统考核中作为评价者的主管极容易发生的"光环效应""居中趋势""偏紧或偏松""个人偏见""考核盲点"等现象。

360度考核可以反映不同评价者对于同一被评价者（员工）不同的看法，防止被评价者急功近利的行为（如仅仅致力于与薪金密切相关的绩效指标），较为全面地反馈信息有助于被评价者多方面能力的提升。

360考核实际上是员工参与管理的方式，可在一定程度上增加自主性和对工作的控制，员工的积极性会更高，对组织会更忠诚，提高了员工的工作满意度。

360度考核的缺点

360度考核的缺点也非常明显。当一个人要对多人进行考核时，时间耗费多，由多人来共同考核所导致的成本上升可能会超过考核所带来的价值；也有可能成为某些员工发泄私愤的途径；某些员工不正视上级及同事的批评与建议，将工作上的问题上升为个人情绪，利用考核机会"公报私仇"等。

综上所述，绩效管理中不宜将360度考核作为主导工具，但可作为一种辅助的参考手段使用。

BSC，莫盲追

平衡计分卡（Balanced Score Card，BSC）最初由美国学者卡普兰和诺顿提出，故BSC最早在美国的众多企业中得到实施、运用，如今已推广到全球很多国家的企业，众多的全球500强企业也将BSC作为绩效管理工具使用。中国，作为儒家思想的集大成者，企业管理者中不乏奉行中庸之道、平衡之术者，他们自然也是BSC的积极践行者。从行业来看，BSC几乎涉足各个行业，全球各个行业的企业（甚至包括一些非营利性机构）对BSC的需求也在逐年增长。

那么，BSC真的是普适大众、皆可用之吗？对BSC尤其趋之若鹜的HR来说，到底该不该应用呢？

某企业是一家创意设计企业，目前有100多人，主营业务为根据甲方的需求进行方案创作，然后进行相关项目的制作。之前企业的绩效一直采用KPI考核方式，绩效管理的重点是关注企业的业绩、利润等指标。如今，企业慢慢发展壮大，规模渐涨，总经理认为企业想要进一步做大做强，单纯关注产量和利润无法突破，反而导致中层管理者关注眼前利益，不看以后，希望人力资源部对绩效进行改革。因为总经理听说BSC有多个考核维度，会考核内部流程和客户满意度，正好符合他的需求，所以要求HR在企业推行BSC。对于BSC，大家普遍都觉得比较复杂，需要专业度高、组织流程完善的企业才能实现，在中国的企业难以落地，但现在总经理点名要用BSC。请问：中小型企业适合推行BSC吗？对于总经理的要求，HR应该怎么办呢？

BSC概述

BSC的最大特点之一就是平衡。不同的绩效考核与绩效管理工具的侧重点不同，而BSC之于其他绩效管理工具最大的不同就在于平衡：财务与非财务之间的平衡；内部与外部的平衡；长期与短期的平衡；结果与驱动的平衡。BSC通过平衡这几类指标，使组织得以明确其发展战略。它一方面保留传统上衡量过去绩效的财务指标，并且兼顾了促成财务指标的绩效因素；在支持组织追求业绩之余，也监督组织的行为，如兼顾学习与成长，并且透过一连串的互动因果关系，把产出结果和绩效驱动因素串联起来，以衡量指标及其量度作为语言，把组织的使命和策略转变为一套前后连贯的系统，把复杂而笼统的概念转化为精确的目标，以此寻求平衡。BSC从财务、客户、内部运营、学习与成长四个角度,将组织发展战略落实为可操作的衡量指标和目标值。设计BSC的初衷就是要建立一个以战略导向为基础的绩效管理系统,从而保证企业战略得到有效的执行。

BSC的设计包括四个层面:财务、客户、内部运营、学习与成长。这四个层面代表了企业三个主要的利益相关者:股东、客户、员工,而每个层面的重要性取决于层面本身和指标的选择是否与企业战略相一致。BSC的每一层面都有其核心内容。

(1)财务层面。财务层面指标可以显示企业的战略及其实施和执行是否对改善企业盈利做出贡献。财务目标通常与获利能力有关,其衡量指标有营业收入、资本报酬率、经济增加值、销售额、现金流量等。

(2)客户层面。在客户层面,管理者确立了其业务单位将要竞争的客户和市场,以及业务单位在这些目标客户和市场中的衡量指标。客户层面指标通常包括客户满意度、客户保持率、客户获得率、客户盈利率,以及在目标市场中所占的份额。客户层面指标使业务单位的管理者能够阐明客户和市场战略,从而创造出色的财务回报。

(3)内部运营层面。在内部运营层面,管理者要确认组织擅长的关键的内部流程。这些内部流程帮助业务单位提升价值主张,以吸引和留住目标细分市场的客户,并满足股东对卓越财务回报的期望。

(4)学习与成长层面。在学习与成长层面,管理者确立了企业要长期成长和改善就必须建立的基础框架,确立了目前和未来成功的关键因素。BSC的前三个层面一般会揭示企业的实际能力与实现突破性业绩所必需的能力之间的差距。为了弥补这个差距,企业必须投资于员工技术的再造、组织程序和日常工作的理顺,这些都是BSC学习与成长层面追求的目标,如员工满意度、员工保持率、员工培训和技能等,以及这些指标的驱动因素。

BSC的第二个特点就是以计分卡的形式制定指标和行动方案，从而进行精细化的管理。计分卡的核心要素则是围绕上述四个层面所形成的KPI。

BSC实施的门槛

BSC在实施过程中，须提醒实施者关注如下几个方面，谨慎选择。BSC的实施者在准备使用前，应对照以下几个方面对企业内部各个环节与实施环境进行重点自查与清理。

（1）第一个门槛，企业具备清晰的战略目标。BSC的设计是从战略目标开始的，为战略的落地而生。如果战略目标不能分解或者企业没有能力分解，则无法利用BSC这一工具。实施者要清楚企业的全体员工是否真的清楚企业战略对BSC的成功实施有着重要作用。企业的战略目标如果非常明确并能够层层分解，能够与部门、班组、个人的目标达成一致，则可以保证个人利益能够服从组织的整体利益。

（2）第二个门槛，企业具备相对健全的管理制度与流程体系。企业内部要有与实施BSC配套的制度体系，如财务核算体系、企业管理信息化体系、基础数据的收集与统计、岗位权责划分、业务流程管理等。没有这些体系的支撑，难以保证的数据的量化、细化。

（3）第三个门槛，企业具备基本的信息平台。企业的信息平台为企业的决策提供了大量的基础数据，管理者可以通过对这些基础数据的分析，逐层将信息传递到决策层。企业通过BSC可以发现企业经营中的问题，继而采取纠偏措施，保证企业的均衡发展。另外，BSC的日常数据收集是一个耗时、费力的过程，没有信息平台的支撑，单靠手工收集，则会让本已复杂难弄的绩效管理难上加难。企业信息平台的建设，对企业实施BSC是至关重要的。遗憾的是，国内很多企业信息平台很弱或根本没有。小微的创意企业未必有信息平台的资金投入，即使有也未必相对完备、有效。如果没有基础的信息平台，BSC的推行启动容易，维护难，数据难以为快速的决策提供依据。

（4）第四个门槛，企业要有全面的预算管理。实施BSC，企业必须有全面预算管理作为保证。全面预算管理是将既定战略目标通过预算的形式加以量化，以确保企业战略目标的最终实现。一方面，全面预算不仅包含传统意义上预算的各个方面，而且包含企业与部门的年度经营计划。另一方面，全面预算管理在为绩效计划与目标设定提供参照的同时，管理者也可以根据预算的实际执行结果进行指导与反馈，并修正原有的计划与目标，确保计划与目标更加符合实际，真正发挥评价与激励的作用。

（5）第五个门槛，企业拥有良好的沟通机制与沟通平台。实施BSC，企业必须具有完善一致的管理机制，人力资源、财务、技术、营销、行政协调等不同部门之间的横向协同必须非常流畅和谐。只有职能管理做得比较好，形成横向的战略协同，才可能更好地制定各职能部门翔实可用的BSC。但一些企业的BSC由人力资源部制定，年度计划由办公室制定，预算由财务部制定，三者各自为政、互不相干。没有良好的沟通机制与沟通平台，信息不对称，BSC的实施则会难以为继。

回到本章开篇的话题，作为该创意企业的HR，如果HR对于企业的业务不太熟悉，或者是该行业的新进入者，则建议慎重推行。HR只有熟悉企业业务，才有可能帮助企业业务提升；反之，HR会因对业务的不熟招致业务部门的嫌弃与不满。

BSC考核样表

BSC考核样表如表12-4所示。

表12-4　BSC考核样表

被考核者：　　　考核时间：　　　年　　月　　日

类别	指标名称	权重（%）	计算方法或考核标准	考核分数	备注
财务指标	销售收入	10	（实际完成额÷计划额）×10		
	销售回款	15	（实际回款额÷计划回款额）×15		
	销售利润率	15	（利润额÷销售额）×15		
客户指标	客户满意率	10	客户满意率为100%，无客户投诉，满分；凡投诉一次，扣1分		
	新客户增长率	10	（产品销售额÷总市场销售额）×10		
内部运营指标	成本控制	10	$\left(1-\dfrac{\text{超额成本量}}{\text{计划量}}\right)\times 10$		
	产品合格率	10	（实际合格率÷计划合格率）×10		
学习与成长指标	员工流失率	10	（1－超额流失率÷基准流失率）×10		
	员工满意度	5	员工满意率100%，满分下降2%，扣1分		
	培训完成率	5	（实际完成数÷计划数）×5		
考核得分：			人力资源部复核：	被考核者签名：	

BSC的优缺点

作为被大家所熟悉的绩效管理工具，BSC的优点明显：一方面，BSC放眼全局、全面评估，从财务、客户、内部运营、学习与成长四个层面进行评价，有利于管理者把握全局；另一方面，BSC的评价指标具有长期效益，对于客户、学习与成长等方面进行的评价，注重长期，关注长远发展。

BSC也有一些缺点：BSC要求从多个层面进行评价，为了有效实现这种评价，就需要投入大量的人力、财力进行统计分析，耗费大量的成本。另外，指标的选择既是重点也是难点，选择不恰当就会造成难以量化等问题，增大评价的难度。

综上所述，BSC能否成功实施与企业的规模大小、是否规范有关，相对而言，这两者不一定是最重要的，最重要的是企业是否做好了充分的准备，企业能否轻松地迈过上述顺利实施BSC的五大门槛。

EVA，慎追随

EVA概述

经济增加值（Economic Value Added，EVA）是指从经营产生的税后净营运利润中，扣除包括股权和债务在内的全部投入资本的机会成本后的剩余所得，是20世纪80年代初美国斯腾思特企业创立的一套进行绩效评价和管理的理论与操作体系。自其推行以来，理论界和工商界给予了很高的评价，在社会上也引起了很大的反响。

EVA把企业内部制定的很多离散指标统一成一个最终指标，无论是提高销售额还是提高市场份额，最终目的是为企业创造价值。EVA不衡量过程，直接切入为股东创造的价值，避免了考核中间过程指标可能造成的管理上的误导，要求经营者着眼于企业的长远发展，关注企业长期绩效的提升。

EVA的要点

（1）EVA不是传统意义上的会计利润概念，而是在会计利润的基础上进一步扣减了企业占用的股权资本的机会成本后的一种经济利润。它改变了过去认为只有对外举债需要支付利息成本，股东的投入无须还本付息因而没有成本的传统观念，强调股东的投入也是有成本的，企业盈利只有高于其资本成本（包括股本成本和债务成本）时才能真正为股东创造价值，才是真正具有投资价值的企业。

（2）EVA是对企业资产负债表和利润表的综合考量。使用EVA作为绩效衡量的工具有助于抑制盲目投资，形成资本约束，提高资本的利用效率和盈利能力，引导企业关注价值创造和可持续发展。

（3）EVA是一项高度综合的指标，在企业管理应用中需要根据内在的价值驱动因素对指标进行分解和细化，最终将EVA与企业现行的KPI（关键绩效指标）相结合。

（4）EVA不是简单的一项指标，而是一套较为全面的价值管理体系，这一体系主要包括四个方面：考核体系、管理体系、激励体系和理念体系。

（5）EVA绩效管理对最终创造价值的考核并不是孤立的，而是以企业从上至下的价值链贯穿，能够有效地将高层压力分解到基层。但这种方法的强项是针对财务指标，因此又引入了独立绩效因素等，类似于KPI中的行为过程指标。通过独立绩效因素把行政、人事等不创造价值的支持部门的奖金总额，与所服务的内部客户创造的价值总额按比重挂钩，再决定部门内每个员工的奖金分配。

EVA的计算

EVA＝税后净营业利润（NOPAT）−资本成本

　　＝税后净营业利润（NOPAT）−资本占用×WACC

　　＝资本占用×回报率−资本占用×WACC

式中，WACC指加权平均资本成本（Weighted Average Cost of Capital）；税后净营业利润是指生产经营产生的会计营业利润；资本成本是指投资者（包括股本投资和债权投资者）将其资本投资到与目标企业风险相同的其他企业或资产所能得到的回报，即投资者的机会成本，也是投资者要求的回报水平。

从公式上看，投资者从企业至少应获得其投资的机会成本，这就意味着企业管理者必须考虑资本的回报。

EVA要求企业避免盲目追求增长率和企业规模，把着眼点放在价值增长上。要求企业形成资本约束和资本纪律，做出符合出资人利益的决策，使资本配置更加合理，如提高流动资金使用率、缩短应收账款信用期、部分业务外包等。

EVA要求企业做强主业，控制非主业投资。传统利润指标考核的情况下，企业只需专注于利润和效益（净资产收益率）的最大化，这就决定了企业为了增加收入，可以不顾收入是否来自主营或经常性业务，是否需要大量的资本投入。引入EVA之后，依靠大量资本投入获得的收入，在扣除成本费用之后，还要与包括权益资本在内的全部资本成本进行比较。

EVA是站在所有者的角度，认为企业绩效的最终表现应该是投资（股本投资和债权投资）资本价值的增加。

EVA的优点

（1）有利于增强企业价值创造能力。EVA考虑了资金机会成本和股东回报，"有利润的企业不一定有价值，有价值的企业一定有利润"。贯彻以长期价值创造为中心的原则，持续创造财富导向。

（2）有利于提高企业发展质量。资本成本的导向作用要求企业的投资决策更为谨慎和科学，有利于企业避免盲目投资，防范风险，提高资本使用效率。

（3）有利于促进企业可持续发展。

EVA的缺点

企业财务系统的水平决定了EVA的实施水平，财务管理的好坏也决定了EVA实施的好坏。在实际操作中，基于财务的EVA绩效管理有时比较难操作，企业内部抽取各个单位的财务数据比较难，或者数据难以达到供分析判断的要求。对那些财务分析系统本身就不很完善的企业，实行EAV有时显得勉为其难。

第十二章 PBC Plus

OKR，想清楚

OKR概述

早在1976年左右，英特尔正在由存储器向处理器战略转型，当时还是首席运营官的安迪·格鲁夫（Andy Grove）提出了HOM（High Output Management），并第一个实践了OKR（Objectives and Key Results），确定了OKR的两个核心原则：在精不在多，因为它就是用来明确并聚焦工作重心的；全体公开、透明，这样所有人能更一致地对齐整体目标，减少内耗。

同样在20世纪70年代，Oracle的创始人拉里·埃里森（Larry Ellison），在Oracle也推行了类似的迷你目标与关键结果法（Mission Objectives and Key Results，MOKR）。

1999年，有"风投之王"称呼的KPCB（Kleiner Perkins Caufield & Byers 成立于1972年，美国最大的风险基金）合伙人约翰·杜尔（之前在英特尔工作过）把整个OKR带给了刚刚投资成立还不到一年的谷歌。实践了几个季度，OKR就在谷歌生根、开花并一直沿用到今天。后来除了自己用，谷歌还会对它投资的企业，专门培训和实施OKR。

OKR是一种目标管理方法，一种能够让企业更好地聚焦战略目标、更好地集中配置资源、更好地使团队上下达成一致的管理方法。

OKR管理系统的组成

OKR是英特尔发明的，之后被谷歌修改、发扬光大，OKR管理系统简单来说由下面两个关键点组成。

（1）OKR基于公司愿景。企业的愿景是企业的长期计划，为了朝目标迈进，企业需要制订一个一年左右的可执行计划。这个计划的目标（Objective）被有针对性地拆解成年度关键结果（Key Results）。所以OKR

就是Objective+Key Results。

（2）OKR的制定亦遵循前面所述的SMART原则。

SMART原则会让每个员工的目标更具体、实际，而不是说套话、空话。英特尔的OKR就是制定一个年度目标，并拆解成若干个短期关键结果。一般年度OKR太长，还需要再拆解成为季度OKR，甚至月度OKR。

但谷歌在此基础上修改了两点。第一点修改是每个人的OKR都由自己参与制定，并向全企业公开。第二点是每个人的OKR加起来就是部门OKR，部门OKR加起来就是事业群OKR，事业群OKR加起来就是企业OKR。

这两点修改为谷歌带来管理效率的提升。每个人、每个部门的OKR在企业内部全部公开，跨部门沟通推进遇到阻碍的时候，双方就可以根据彼此的OKR了解如何驱动，重视什么，因而降低误解，找到共赢的合作方式。

英特尔首席运营官拉里的OKR是这样设定的。在一个季度刚开始的时候，拉里会设定企业OKR，每个人设定的个人OKR要基本与谷歌整体相适应。一旦主管看到企业的目标，很容易就可以将其与自己的目标作对比，如果落后得太多，要么给出一个合理的解释，要么就要重新设定。此外，每个人的OKR在内网里都是对所有人公开的，就放在电话号码和办公室位置的旁边。能够看到其他人和其他团队在做些什么工作是一件非常重要的事情，而看到自己的目标与谷歌的目标相契合也能起到激励作用。拉里的OKR会根据他在季度报告中说明的企业表现，设定沟通透明化的标准，并确定恰当的高要求目标。

OKR的过人之处

OKR 解决了 KPI 的种种缺陷，把绩效评价交给同事，相当于 360 度考核，强调关键结果必须服从目标。如果员工在目标上写了要让用户喜欢企业的产品，但实际执行关键结果的手段违反了这点的话，谁都能看得出来。既然关键结果只用来服务于目标，那就没必要像 KPI 那样一早制定好然后强制执行。员工可以在做的过程中随意更改关键结果，只要它们还是服务于原本的目标就行。这就是OKR与其他主流绩效工具最为不同的地方之一。

相较于其他绩效考核工具，OKR是一个非常开放的系统，同事之间可以互相可见。

OKR考核示例

OKR是由4~5个目标构成的，每个目标下又会包含3~4个关键结果。

可以将OKR三个字母拆开来理解：O是目标，KR是关键结果。例如，为提高客户服务满意度，市场部负责人可以这样设定他的OKR。

O：客户满意度提高2%；

KR1：增加呼叫中心客服人员20名；

KR2：将2小时内响应缩减至30分钟内响应；

KR3：组织客服人员每个月定期进行情商专项培训。

为什么要用OKR

（1）OKR能让员工抓住主要矛盾，找出对企业发展真正重要的事。

（2）OKR让员工能聚焦优势资源在最重要的事情上，可以很大限度地减少资源浪费，这对创业型企业尤为重要。

（3）OKR能让团队成长的迭代周期更短。

（4）OKR能让每个人都有清晰的目标感，都能盯在重要的事情上。

（5）OKR能让每个人对目标的理解都是一致的，从而同心协力，避免因为方向分散带来很多内耗。

（6）OKR能让员工变得更加主动，避免被竞争者牵着鼻子走。

OKR的三个层次

（1）企业OKR：明确企业的整体目标，聚焦重点。

（2）团队OKR：明确团队的工作优先级，它并不是企业OKR的简单拆分，也不是个人OKR的简单汇总，而是从团队层面重新思考并确定出来的。

（3）个人OKR：明确自己该做什么，是最具体的一层。

OKR的实施方法与步骤

（1）设定目标。目标必须是具体的、可衡量的，要以尽量量化的方式描述目标。目标要有野心，有一定挑战性。一般来说，1分为总分，达到0.6~0.7分算较好，只有这样，每个员工才会不断为目标而奋斗，而不会出现期限不到就完成目标的情况。根据经验，通常员工在每个季度制定4~6个目标是最佳合理状态，目标太多也会令人焦头烂额。

（2）明确每个目标的关键结果。所有目标都是通过行动来实现的，所谓关键结果，就是为了完成目标必须做什么。

（3）定期回顾。到了季度末，员工需要给自己的关键结果的完成情况和完成质量打分——这个打分过程只需花费几分钟，分数的范围是0~1分，理想的得分是0.6~0.7分。如果达到1分，说明目标定得太低；如果低于0.4分，说明可能存在问题。

（4）定期检查。强有力的检查与考核，是推进企业执行力的锐利武器，同时又是考核的基础，为考核提供了信息和数据，为考核的公平和公正提供了事实依据。

以上只是OKR制定环节，作为一个完整的系统，OKR最后的几步也很关键，与其他的绩效管理工具一样，同样也包括绩效评价、评估绩效的完成情况、绩效激励和绩效反馈，以及绩效结果的应用等。

OKR的优点

（1）规范思维，核心目标突出。

（2）沟通更精准，让每个人都很清楚什么对他们是最重要的。

（3）设定测量过程的指标，时刻了解距离目标还有多远，使组织的努力更聚焦。

OKR，用一种最"轻"的方法管理聪明人。

第十三章

PBC战略管理工具BLM

第十三章 PBC战略管理工具BLM

以前企业在制定战略的时候，HR是不被邀请参与的。企业应用了业务领先模型（Business Leadership Model，BLM）之后，企业HR成了企业战略制定的核心参与者，成了企业战略制定必不可缺的重要组成部分。人是战略的制定者、执行者，HR是管人的人，HR作为企业战略的制定者、参与者，全程参与战略的制定毫无违和感，自然而然。

要想企业的战略落地，HR就要先把企业的战略解码，庖丁解牛一番。真正的人力资源业务合作伙伴（HR Business Partner，HRBP）一定是熟悉业务、了解战略的，BLM是华为HR人人熟知的战略管理工具，值得了解。

战略管理工具BLM

BLM概述

在华为和IBM合作领导力项目的时候，IBM给华为介绍过BLM，如图13-1所示。

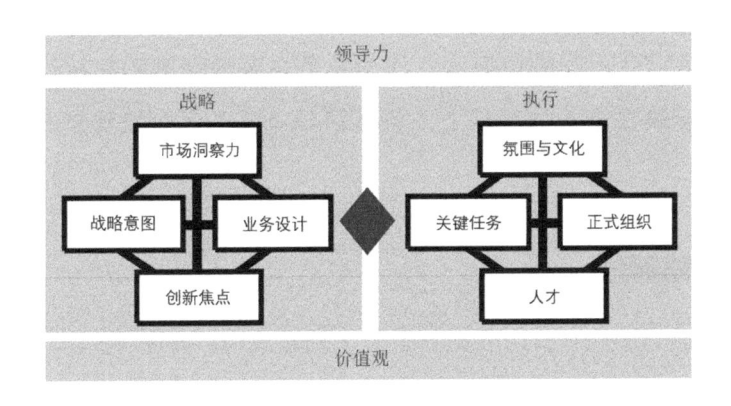

图13-1 IBM的BLM

BLM 分为三部分，最上面是领导力，企业的转型和发展归根结底在内部是由企业的领导力来驱动的。中间部分分为战略和执行，要有好的战略设计，同时要有非常强的执行，没有好的执行，再好的战略也会落空，但执行不是空谈，执行需要具体内容来构成。最下面的是价值观，企业的价值观是管理者决策与行动的基本准则。

作为业内标杆企业华为，把IBM的BLM引入企业战略中，不断深化、不断内化，为其所用。华为是一家倡导以客户为中心、以业务优先的高成长性企业，企业上下贯穿BLM，在各个应用层面均有涉及。

BLM中，领导力是根本

BLM是创造快速和持续适应不断改变的业务的核心，它的运用靠高层管理者，这些高层管理者需要具备的基本能力和必备能力通过积极的实践得以发展。

战略设计与执行计划是高管层每年都要亲自领导的，获得对外部市场的持续洞察、识别新的机会、开发业务设计并确保这些设计是切实可行的。这些都需要以强大领导力作为保障。

BLM中，价值观是基础

不同的企业有不同的价值观，作为业务主要战略家的总经理，要确保企业的价值观反映在企业的战略上，各级领导者要确保价值观是日常执行中的一部分。

BLM战略部分

战略包括了战略意图、市场洞察力、创新焦点、业务设计四个维度。

战略意图

战略意图是战略思考的起点，同时按照业界广泛采用的SMART原则，设立相应的、具体的战略目标。好的战略规划始于好的战略意图的陈述和战略目标的表达，这是战略规划的第一步。战略意图由愿景、战略目标、近期目标三部分构成，其目标是让组织机构的方向和最终目标与企业的战略重点相一致，体现企业的竞争优势。

（1）愿景：可持续的、占优势的业务领先地位，展示了长期的可持续的获利能力。

（2）战略目标：有效的、合理的、灵活的运营模式赢得现有市场的增长机会，但同时保持快速适应市场变化的能力。

（3）近期目标：业绩可衡量的指标。

市场洞察力

市场洞察力决定了战略思考的深度，其目的是清晰地知道未来的机遇和企业可能碰到的挑战与风险，理解和解释市场上正在发生着什么，以及对企业未来的影响。需要从宏观分析、竞争动向、客户分析三个方面来了解客户需求、竞争者的动向、技术的发展和市场经济状况，以找到机遇和风险。市场洞察力的缺失会对业务设计产生负面影响，因为企业所采用的支撑信息和假设可能是有瑕疵的或错误的。

IBM在20世纪90年代的战略转型得以开展，正是围绕郭士纳对两个市场机会的深刻洞察：服务业务在IT行业的巨大前景和对整合IBM资源的重要意义，以及网络化的电子商务模式使IBM有可能超越微软和英特尔主宰的个人电脑时代，重新回到IT行业的中心。

创新焦点

把创新作为战略思考的焦点，其目的是捕获更多的思路和经验。好的创新体系让企业与市场的探索和实验同步，而不是独立于市场之外闭门造车。从未来业务组合、创新模式、资源利用等三个方面进行探索与试验，从广泛的资源中过滤想法；通过试点和深入市场的实验探索新想法，谨慎地进行投资和处理资源，以应对行业的变化。

业务设计

业务设计由客户选择、价值主张、价值获得、活动范围、持续价值、风险管理等维度构成。其目的是以对外部的深入理解为基础，着眼于更好地利用内部能力和持续改进与变革，探索可替代的业务设计。

（1）客户选择是指如何选择客户。例如，如何确定优先级？谁是你的客户？谁不是你的客户？在该细分市场下，客户有哪些特定的需求？

（2）价值主张主要包括客户需求、独特性和影响力。

（3）客户需求是指企业提供的产品和服务是否以客户的最终需求为导向。

（4）独特性是指客户是否真正认可企业的产品和服务。

（5）影响力是指能否帮助客户实现增值和收益。

（6）价值获得是指如何赚钱。企业依靠什么吸引客户并获取利润？存在其他盈利模式吗？

（7）活动范围是指经营活动中的角色和范围。哪些外包、外购？如何与合作伙伴协作？

（8）风险管理指业务的不确定性，如潜在风险、市场、对手、技术等。

（9）持续价值是指客户需求的转移趋势、在价值链中的地位等。

BLM执行部分

执行由关键任务、正式组织、人才、氛围与文化四部分组成。

关键任务

关键任务是指满足业务设计及其价值主张的要求所必需的行动。关键任务的设定统领执行的细节。关键任务是连接战略与执行的轴线点，给出了执行的关键任务事项和时间节点，并对企业的流程改造提出了具体的要求。哪些任务是由企业来完成的？哪些任务可以由价值链中企业的合作伙伴完成？

（1）支持业务设计，尤其是价值主张的实现。

（2）主要是指持续性的战略举措，包括业务增长举措和能力建设举措。

（3）可以从以下几个方面思考：客户管理、产品营销、产品开发、交付、平台、服务、风险管理和能力建设，并将重要运营流程的设计与落实包括在内。

（4）关键任务是执行的其他部分的基础。

（5）关键任务是年度性的，可按季度跟踪衡量。

正式组织

为确保关键任务和流程能有效地执行，需建立相应的组织结构、管理和考核标准，包括单位的大小和角色、管理与考评、奖励与激励系统、职业规划、人员和活动的物理位置，以便经理指导、控制和激励个人和集体去完成团队的重要任务。正式组织是执行的保障。在展开新业务的时候，一定要舍得投入人力和资源，同时要建立相应的组织结构、管理制度、管理系统，以及考核的标准，否则执行的结果往往会大打折扣。

正式组织支持关键业务的执行，包括：

（1）组织架构、管理体系和流程。

（2）资源和权力如何在组织中分配：授权、行权与问责、决策流程、协作机制、信息和知识管理等。

（3）关键岗位的设置和能力要求。

（4）管理和考核标准：①管理幅度和管理跨度；②管理与考评；③奖励与激励系统；④职业规划；⑤人员和活动的物理位置。

人才

人才包括人才的思想、能力，人才的绩效承诺。要使战略能够被有效执行，员工必须有能力、动力和行动来实施关键任务。

（1）关键岗位和人才布局有什么要求？人才需求要详细定义。

（2）人才的能力差距及挑战。

（3）人才获得：内部获取、及时培养、外部获取。

（4）人才激励与保留。

氛围与文化

氛围与文化包括企业和员工的价值观与信念、态度与行为、成功与失败等。

文化指管制约束系统，要求规范、有序。氛围则是员工对工作环境的感知。创造好的工作环境以激励员工完成关键任务，积极的氛围能激发人们创造出色的成绩，使他们更加努力，并在危急时刻鼓舞他们。

HR要了解企业的战略，就需要将BLM作为思维框架，通过行动学习的方式来挑战传统思维，逐步提升业务领导在各方面的战略思维能力。

第十三章　PBC战略管理工具BLM

人力资源战略地图解码

> 关于人力资源战略：坚持聚焦管道的针尖战略，有效增长，和平崛起，成为ICT领导者，业务与人力资源政策都应支撑这一战略目标的实施。
>
> 我有一个想法，针尖战略的发展，其实就是和平崛起。我们逐渐突进无人区，踩不到各方利益集团的脚，就会和平崛起。坚持这个战略不变化，有可能在这个时代行业领先，实际就是超越美国。因此战略目标中，将"超越美国"这句话改为"有效增长，和平崛起，成为ICT领导者"。将来业务政策、人力资源政策等各种政策都应支撑和平崛起这样一种方式。
>
> （资料来源：任正非在人力资源工作汇报会上的讲话，电邮[2014] 057号）

战略地图概述

"如果你不能衡量，那么你就不能管理；如果你不能描述，那么你就不能衡量。"战略地图是卡普兰和诺顿两位管理大师经过十多年与数百家组织合作的基础上推出的新战略工具。

战略地图是在平衡计分卡的基础上发展来的，与平衡计分卡相比，它增加了两个层次的内容，一是颗粒层，每个层面下都可以分解为很多要素；二是增加了动态层，也就是说，战略地图是动态的，可以结合战略规划过程来绘制。

战略地图是以平衡计分卡的四个层面目标（财务层面、客户层面、内部运营层面、学习与成长层面）为核心，通过分析四个层面目标的相互关系而绘制的企业战略因果关系图。

战略地图的核心内容包括：企业通过运用人力资本、信息资本和组织资本等无形资产（学习与成长），才能创新和建立战略优势和效率（内部运营），进而使企业把特定价值带给市场（客户），从而实现股东价值（财务）。

绘制战略地图的目的是明确战略目标实现的路径。战略地图的出发点是企业的战略选择。因此，构建战略地图时要从企业的战略选择出发，沿着"为股东创造的价值"——"给客户带来的价值"——"高效的内部运营系统"——"学习与成长"这条反向的因果链，制定从"财务角度"的目标到"学习与成长"角度的目标，然后使之相互关联起来。通过这种传递关系把企业希望达到的战略目标与目标的驱动因素联接起来，战略地图用图的逻辑形式很好地描述了企业的价值传递与战略实现路径。

企业战略、战略地图与绩效管理

对企业战略的分解与了解是绩效管理的开始，战略地图是企业战略落地的着力点，绩效目标始于企业战略，战略地图是企业战略分解的实用工具。

绩效管理中企业战略与绩效管理的关系如图13-2所示。

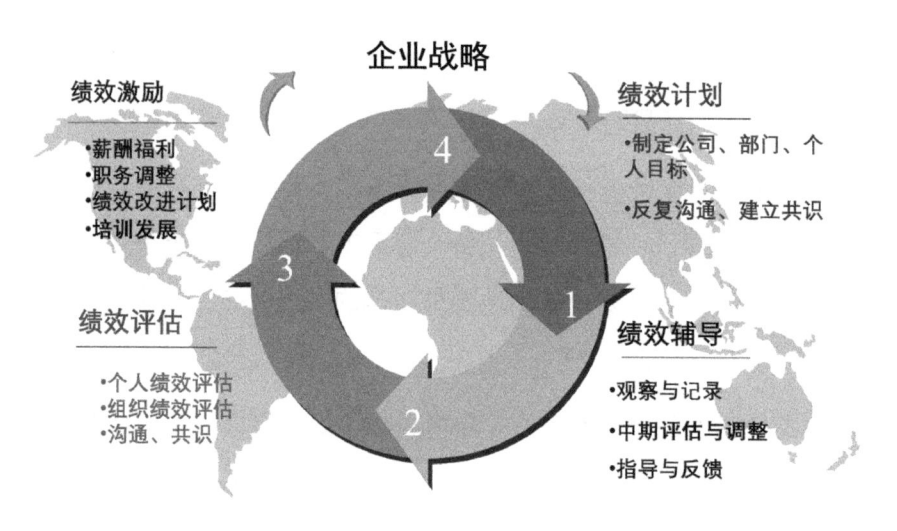

图13-2　企业战略与绩效管理的关系

战略地图的作用

（1）战略地图以清晰、富含逻辑的图表方式，将战略转化为执行语言，使决策层更容易梳理战略，把握方向，更有利于企业各层级对战略的沟通、理解、推广、执行。

（2）战略地图提供了一个描述战略的统一方法，从而使战略目标和衡量指标可以被制定和管理，这一点在包含不同业务的集团化企业制定战略时效果更为显著。

（3）战略地图关注无形资产，包括人力资本、信息资本、组织资本，无形资产与企业战略协调一致，才能创造企业的未来价值。

人力资源战略地图是企业绩效管理体系的重要组成部分

企业的人力资源战略地图是企业战略地图的一部分，是企业战略地图的分解，也是企业BLM中人才模块的执行路线。

人力资源战略地图不但明确了人力资源管理的价值目标，而且通过战略地图明晰了人力资源管理价值创造的过程和效果评价指标。因此，它既是一种管理工具，同时也是一种绩效测量工具。

通过企业人力资源战略地图，可以构建人力资源管理的绩效评价体系——人力资源活动评价和员工的能力素质及行为评价。评价体系建立以后，人力资源部门就可以用其反映企业人力资源活动和员工能力素质及企业绩效之间的关系了。

人力资源管理活动评价体系的指标主要分为以下4类。

（1）财务层面：人力资源的价值最大化（人力资本投资回报率=企业净利润/人工成本总额）。

（2）客户层面：招聘及时率、核心人才胜任率、培训满意率、员工满意率等。

（3）内部运营层面：人力资源规划的执行率、人员招聘目标的完成率、人员招聘的有效性、培训计划的完成率、人工成本的控制、绩效管理的有效性、人力资源管理基础平台的有效性、eHR 的实施等。员工素质和行为评价指标主要有岗位胜任率、人均利润、人均劳动生产率等。

（4）学习与成长层面：人力资源管理人员的岗位胜任度、直线经理的人力资源管理能力。

第三篇
PBC学习

第十四章

PBC标杆学习

企业要想获得成功，最简单、快速、有效的方法就是向同行业中最顶尖的企业学习。正如汽车行业学丰田、IT行业学IBM、战略咨询行业学麦肯锡一样，这种向同行学习的方法被称为标杆管理。

标杆管理是全球化背景下企业快速自我成长的最好的管理工具之一，全球500强中约90%的企业在日常管理活动中都应用了标杆管理。

PBC的缘起是IBM企业的应用，其在华为得到发扬、完善，本土化之后的PBC更加适合中国企业。当前我国不少企业都在使用这个卓越的绩效管理工具，其中不乏知名企业：海尔集团、中国移动、联想等。公开资料显示，这些企业的PBC应用效果都不俗。

PBC鼻祖：IBM的赢文化

在人力资源管理实践中，IBM有三大管理体系是最值得HR同行学习和借鉴的：能力管理体系、绩效管理体系、员工发展体系。这三大管理体系在IBM企业的历次转型过程中，都发挥了巨大的作用。其中，IBM绩效管理体系中的PBC已经被很多国内的知名企业借鉴学习，助推企业建立高绩效组织，如华为、联想、中国电信、广东移动、山西移动、中国电信研究院、阳光100、成都明珠、新大陆集团等。

IBM的领导力

其实，PBC能在IBM取得成功，很重要的一点就是IBM的领导力，主要是指各个经理的绩效管理意识和绩效管理能力。有句话说得好，"绩效好不好，关键看领导"，领导有能力去激励下属，PBC才会真正发挥作用。企业在不断完善其绩效管理体系、表格、KPI指标体系的同时，也要强调中层经理的能力培养，只有两者结合起来，绩效才会做得更好。

PBC三项承诺

第一个承诺是赢。主要是赢市场和赢客户,抓住任何机会去获胜。

第二个承诺是执行。在具体的过程当中,目标的设定很重要,但真正落到实处的是员工要去完成、去执行。

第三个承诺是团队。企业所有的KPI,很多目标是通过不同的团队去完成的,所以跨部门的沟通与协作也是非常重要的,PBC强调团队精神、团队取胜。

IBM的业务承诺要求员工和主管都做到这三点,在这三点基础之上,再去设定具体的目标、具体的指标。

PBC标杆:华为PBC启示

> 要对我们的人力资源考核机制进行反思和优化,包括对组织的考核、对项目的考核、对人的考核。KPI要简单,瞄准商业成功,要有利于端到端协同,有利于长远进步,而不是导致部门之间的矛盾。高研班很多干部在学习心得中写道:"过去我们是'胜则举杯相庆,败则拼死相救',现在是'还没胜利就开始抢功,还没失败就开始互相推脱责任'。"
>
> 评价和分配要结合业务的结果和节奏,要导向长期,以做到对业务最终结果负责,要考虑探索项目生命周期责任制。目前我们的考核偏重短期,导致"第一年填坑,第二年产粮,第三年挖坑"的问题。
>
> 我们的问责过于严厉、频繁,使得大家"不求有功,但求无过"。这说明人力资源还要继续向前改革,我们才能获得未来更大的成功。要用正确的价值观撬动价值创造。
>
> (资料来源:华为的胜利也是人力资源政策的胜利,电邮讲话[2017]037)

绩效作为组织和个人的成果和价值体现，代表了组织活动和个体活动的全部意义，绩效对组织和个人的重要性不言而喻。在华为，任正非一再强调要创造华为高绩效的企业文化，将高绩效文化视为企业生存之本、发展之源，并上升至战略的高度加以推动。华为绩效管理的目的就是将公司的目标使命化，华为的成就取决于每位员工在多大程度上实现了自己的绩效目标。

与其他企业的绩效管理相比，华为高绩效的PBC管理自有其独特的特点与个性，这些独特的特点与个性在很大程度上也是成就华为高绩效与高认可的关键。作为一种绩效管理工具，PBC本身并无谁先进、谁落后之分，适合自己企业的绩效工具才是最好的。每个企业的规模不同、行业不同、发展阶段不同，其他企业无须也不能照搬华为的高绩效管理工具PBC，但可从其独特的特点与个性中借鉴一二。

跨管理层运作，跨部门协作

首先，华为公司成立了由公司高层领导挂帅、各大部门领导参与的绩效管理推进委员会，明确目标、职责，委员会的重点是解决重大问题，在高层领导层面推动。

其次，成立各部门绩效管理推进小组，负责本部门考核制度的推行。重点强调对各级主管和员工培训、宣传绩效管理的思想、操作方法、制度内容和注意事项。

（1）对绩效考核的实施全过程定期跟踪，了解制度操作、部门及员工绩效改进情况，及时发现问题、总结经验，对绩效管理制度、方法等进行优化、改进工作。

（2）职能部门人员的工作分为本部门工作和跨部门工作，没有派出的概念。

（3）绩效考核是立足于员工现实工作的考核，强调员工的工作表现与工作要求相一致，而不只是基于其在本部门的工作。

（4）绩效考核自然融入部门日常管理工作中才有其存在价值。双向沟通的制度化、规范化，是考核融入日常管理的基础。

绩效管理分层分级，各有重点

华为PBC绩效管理中，高层关注长远目标，中基层关注有效执行，基层作业员工简化考核。对于不同层级的员工，华为考察的侧重点也各不相同。越是高层的管理者，越要关注长期发展。中基层管理者也要不同程度地关注中、长期发展。基层作业员工主要关注现实任务的完成，以及自我进步。为此，华为实行了权重不同的分别关注长期、中期、短期利益的合理架构，以及相适应的激励机制。华为分层分级的PBC管理如图14-1所示。

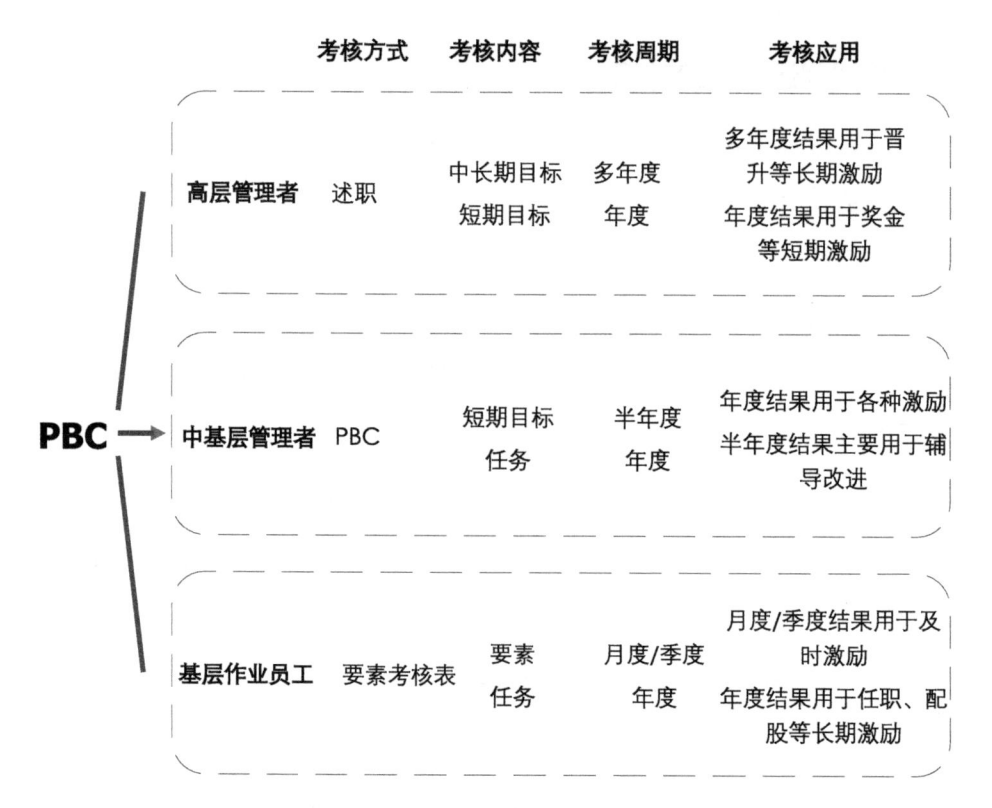

	考核方式	考核内容	考核周期	考核应用
高层管理者	述职	中长期目标 短期目标	多年度 年度	多年度结果用于晋升等长期激励 年度结果用于奖金等短期激励
中基层管理者	PBC	短期目标 任务	半年度 年度	年度结果用于各种激励 半年度结果主要用于辅导改进
基层作业员工	要素考核表	要素 任务	月度/季度 年度	月度/季度结果用于及时激励 年度结果用于任职、配股等长期激励

图14-1　华为分层分级的PBC管理

PBC全流程管理中，各级主管高标准、严要求

对于主管而言，个人绩效不等于组织绩效。个人绩效是组织中最重要的、能够体现个人独特价值的绩效；组织绩效是通过组织的日常运作能够完成的绩效。PBC应包含这两个部分，并重点突出个人绩效，这样才更能牵引被考核者向独特价值聚焦。绩效管理中要求主管做到以下几点。

真正实现上下对齐

主管要求非常深入地了解下属的业务领域，在互动中理清业务思路，真正实现上下对齐。通过充分彻底的沟通，让日常的沟通减少，大大降低日常的沟通成本。

主管必须为下属赋能

绩效沟通中主管不应轻易下结论，要不断地启发员工。对员工来讲，互动的过程是员工开启思路的过程，是被"授之以渔"的过程。

主管应让下属各得其所，团队高效运作

通过不断刨根问底地澄清下属所在岗位的独特价值，能够把每位下属最主要的精力聚焦在最关键的事情上。让主管、下属、主管的主管各自做他们最该做的事情，这样才能保证团队的强战斗力和高效率。

PBC推行中，要求HR不仅懂业务，还要赋能各级主管

HR的价值是为各级考核主管提供专业化培养活动，如方法、工具，组织一些交流等，而各级考核主管的意愿问题主要靠员工的主管，一层一层传递，各级考核主管有了提升意愿，HR的培养活动、方法、工具才会有价值，才会用得上。考核主管出不了不适区，就很难提升，一旦出了不适区，主管的管理能力就上了一个大的台阶。

华为始终强化HR的业务能力，让HR下沉到不同的事业群，成为事业群各业务部门的合作伙伴。

全面评价员工个人绩效，重视员工与管理者能力提升

个人绩效是指在组织绩效目标实现中，基于所承担的岗位职责而体现出来的责任结果。在绩效评价中，不仅要看员工的PBC完成情况，还要看PBC所不能涵盖的员工岗位职责和角色的要求履行情况，同时也要看员工超越职责的努力和贡献，如对其他组织的交叉贡献。

随着PBC的演变，华为绩效管理中新增了一项关键内容，即个人能力的提升。员工对自己能力的分析，是自我认知和自我评价，向上级传递能力缺口的同时也是在向上级要求支持、要求培养。如果能够利用好这一部分，那么员工就能够充分得到上级主管的工作支持和资源倾斜。这种考核方式要求主管必须加强对员工的培养，必须拿出一部分精力来关注员工的发展，让员工认识到的不足，必须给出工作建议和指导，让每个被考核的员工能够不断得到培训和指导。

管理者自身的能力一直是华为PBC关注的重点。每次绩效考核开始和结果运用时，HR都会不厌其烦地提醒各级主管要沟通、要就考核结果与被考核者达成一致等。整个考核过程中还有针对主管的相应课程和培训，以确保主管对这些考核精神的理解和执行。

价值驱动，围绕价值的创造、评价、分配全过程管理

企业经营机制的本质是利益驱动机制，绩效管理是价值评价环节的主要实现手段，华为在PBC应用中全面贯彻全力创造价值、科学评价价值、合理分配价值（见图14-2）。

```
        全力创造价值            科学评价价值


              合理分配价值
```

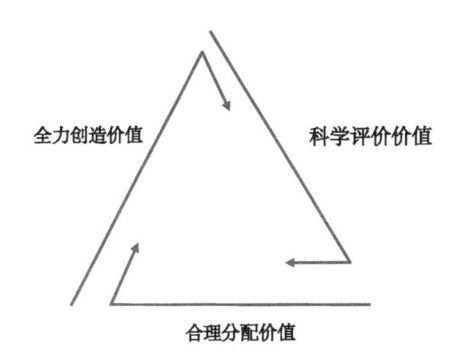

图14-2　价值驱动的全过程管理

华为绩效管理关注员工的价值创造，使每个员工成为价值创造者，使每个员工有价值地工作，实现人力资本价值的增值，建立共创、共享、共治机制，使得全员创造价值、共享剩余价值、共同治理企业。与价值管理相适应的是，效能管理成为绩效管理的核心任务，没有效能的提升，就难以化解劳动力成本持续上升的压力。华为的管理者对于"减人、增效、加薪"感同身受，管理中身体力行，与华为的HR共同推动价值全过程管理，并将价值管理应用于绩效管理的实践中。

重视目标承诺，狠抓目标对齐

在绩效管理初期，主管和员工应对绩效目标达成共识，员工必须对绩效目标进行承诺，目标制订和评价应体现依据职位分类分层的思想。个人绩效管理最终要跟公司的全流程达成一致，而不是为了个人的所谓高效。任正非特别讲到这一点，"不能为了局部的改善，让全流程牺牲"。

PBC绩效管理中，重点是设定目标，分解目标，形成书面承诺。华为每年从10月开始到第二年的2月，要层层做战略的解码，形成目标及指标集，直到4月全部完成全员PBC的签署。每年从10月到次年的4月，华为绩效的重点就只做这一件事情，而且每年坚持，雷打不动，目的就是要确保目标的分解有效、符合实际，让员工（被考核者）不仅设定好了目标，还要知道如何做，最终形成书面的承诺。

如前所述，绩效目标拟定中，主管与员工仍要坚持3+1对齐：目标对齐、思路对齐、理念对齐，以及PBC认识和理解对齐。

以客户为中心，坚持责任结果导向

华为的日常绩效管理中，各级主管始终牢牢抓住绩效的本质：为客户创造价值。员工绩效评价的最终结果不会评工作过程和工作的表面事件与表面现象，不会评员工获得表扬信的多少，不和员工讲苦劳，不看员工的加班多少，不论工作中亮点的多少，所有的过程指标和局部指标只作参考。

员工绩效评价的最终结果会重点关注对客户的最终价值；会基于岗位职责的有效结果；会基于个人对团队目标的贡献；会关注表扬信、亮点、难度、进度、加班等所承载的贡献与责任结果。只有最终对客户产生贡献与价值的，才是真正的绩效。消除对客户没有贡献的多余行为，清退不能对客户产生贡献的人员。

华为绩效做得好，不仅在于绩效管理内部从绩效目标、绩效实施与管理、绩效评估到绩效反馈形成了系统的良性循环，还在于与人力资源开发管理中的其他模块相互呼应，形成了一个相互作用的整体。绩效管理更是与企业职位体系、任职资格体系、人员的选拔和培养体系、薪酬管理体系密切联系在一起，这样才构成了强大的高绩效管理体系。

PBC样本：海尔PBC之路

海尔以PBC为基础构建的高绩效管理体系既包括对组织绩效的管理，也包括对员工个人绩效的管理。通过高绩效管理体系将企业战略目标与员工个人发展目标紧密捆绑在一起，通过高绩效文化导向影响每个员工的理念和行为，产生高绩效结果。

海尔PBC绩效管理从战略、管理、发展三个方面有着不同的目标与要求。

战略

将员工工作活动与组织目标联系起来，将海尔集团战略目标通过绩效管理体系层层分解，落实到个人。

管理

为组织在薪酬管理、岗位晋升、员工保留、员工培养等多项管理决策中提供必要信息。

发展

通过绩效管理，提高员工能力素质，提高员工工作业绩，真正实现人力资本的增值。

海尔PBC特点

以PBC为核心的海尔集团绩效管理体系，呈现以下四个方面的特点。

战略导向

以全球化和卓越运营战略为指针，设计和建设支持战略的绩效管理体系。

持续改进

通过计划、反馈辅导、评估、制订改进方案，形成持续改进、不断循环的绩效管理体系。

全员参与

通过绩效指标和工作目标自上而下层层分解，落实到每一位员工身上，实现绩效管理的全员参与。

均衡发展

平衡考虑短期业绩和长期发展之间的关系，构建基于能力的绩效管理体系。

海尔PBC的六大原则

（1）体现最重要的贡献。

（2）涵盖关键任务领域。

（3）体现对客户关键影响领域。

（4）体现对团队的贡献。

（5）确保目标不重复。

（6）定量和定性指标保持平衡。

当然，除了上述六个海尔所关注的重点原则，PBC通常所应遵守的绩效管理SMART五项原则，海尔PBC同样遵守。

海尔PBC清单检核

PBC绩效目标设定之后，需要进行清单检核，清单检核是海尔PBC管理的一个特色。清单核检共有14个问题，以确保PBC的绩效目标设定符合上述六大原则及SMART原则，具有可操作性、实用性。检核清单如下：

（1）目标是否反映了大多数需要完成的关键结果？

（2）目标设定是否伴随合适的难度水平？

（3）目标是否与员工的岗位和能力等级相匹配？

（4）汇总所有员工的目标后是否与组织目标吻合？

（5）目标是否反映海尔的价值观？

（6）目标是否支持行为来超越客户的期望？

（7）目标是否鼓励创新？

(8)目标是否帮助建立信任和尊重的关系?

(9)目标是否明确、具体?

(10)目标是否明确结果怎样被衡量?

(11)目标是否与企业目标和部门目标保持一致?

(12)目标是否是结果导向的?

(13)目标是否包含时间因素?

(14)是否预定时间与员工讨论目标并达成一致?

海尔PBC的组织保障

海尔集团的绩效管理涉及集团办公会、集团HR、业务单元/职能部门HR、合作伙伴、各级员工经理。

绩效管理的领导机构

集团办公会是绩效管理的最高领导机构,其主要职责包括:负责推动集团绩效管理体系的实施,处理绩效管理体系实施过程中的重大问题;制定年度考绩分布原则;决定考绩评估与薪资/红利/绩效奖金的关系;执行绩效申诉最后仲裁;召开集团和业务单元/职能部门月度经营总结会议,进行绩效回顾与辅导。

绩效管理的政策制定机构

集团HR,其主要职责包括:制定全集团绩效管理政策、标准和指导原则;为各业务单元/职能部门HR推行绩效管理提供培训、指导、政策解释等支持;汇总、整理有关问题,对集团绩效管理体系进行分析、研究,制定改进措施,不断优化集团绩效管理体系;分析与其他制度配合的利弊及解决方案。

绩效管理支持机构

业务单元/职能部门HR、合作伙伴,其主要职责包括:跟踪业务单元/职能部门绩效管理政策执行情况;负责对员工经理提供必要的培训与指导;

汇总统计考核结果。

绩效管理主体与考核的执行

各级员工经理，其主要职责包括：执行集团制定的各项绩效管理政策；负责本部门绩效管理的组织管理；指导、帮助员工确定绩效指标和目标，制订工作计划，并为员工制定考核权重；负责所属员工的绩效结果的评价；按照流程处理员工申述；和员工共同进行月度的工作回顾并辅导员工制订培育或改进计划。

每个海尔员工都通过PBC的形式做出个人对海尔集团的绩效承诺。在整个海尔集团范围内，各级员工经理和下属员工通过自上而下地层层签订PBC，将海尔的战略目标逐步分解落实到每个员工身上，将组织绩效和个人绩效有机联结在一起，实现集团事业发展和个人发展的一致。

海尔PBC的组成

海尔PBC由业务目标、员工管理目标、个人发展目标三部分组成。

业务目标

业务目标是指每位员工根据所从事岗位工作性质、职责和企业年度工作计划的要求，在员工经理的指导和帮助下制定个人的业务目标。

员工管理目标

员工管理目标是指员工经理根据需要设置员工个人管理目标，从而引导员工经理关注团队建设、下属培育，培养员工经理的领导能力。员工管理目标应支持业务目标的达成。

个人发展目标

个人发展目标是指每位员工在员工经理的指导帮助下设置个人的发展目

标并制订个人发展计划，不断提高自己的工作能力，个人发展目标服务并支持业务目标的达成。

海尔PBC的绩效评价周期

海尔PBC的绩效评价周期以季度评价为主，与季度奖金挂钩，辅之以月度及平时的回顾与辅导，年度评价为综合评价。

各级员工经理每月针对本部门月度经营计划完成情况进行回顾总结，并对下属员工工作中存在的问题以非正式的方式进行辅导，制订工作改进计划，提高工作绩效，其中月度回顾辅导不与员工工资发放挂钩。通常在半年左右，员工经理与下属员工就个人的业务目标、员工管理目标和个人发展目标进行综合、全面的正式沟通与辅导，为下属员工提出绩效改进意见和建议，必要时进行目标调整，年度中期绩效回顾辅导不与工资发放挂钩。

针对所有员工季度业务目标完成情况进行评价，在每季度结束后的第一个月自上而下地逐级进行绩效评价，季度绩效评价结果与员工的季度绩效工资挂钩。

对员工经理的业务目标、员工管理目标、个人发展目标进行年度综合绩效考核；对普通员工的业务目标、个人发展目标进行年度综合绩效考核。在每年度结束后的第一个月度内自上而下地逐级进行年度绩效考核，年度绩效考核结果与员工的年度绩效工资等挂钩。

海尔PBC的绩效管理流程

海尔PBC的绩效管理流程包括四个环节：计划、辅导、评价和激励。

绩效计划：制定考核指标，设定工作目标，签订个人绩效承诺卡。

绩效辅导：月度业务目标回顾辅导、年度中期绩效回顾辅导、制订改进计划或调整目标。

绩效评价：季度绩效评价、年度综合绩效评价、评价结果反馈辅导。

绩效激励：薪酬发放、提出晋升、员工发展、绩效改善等。

四大环节前文所叙及的内容大致相当，只是在个别具体的操作与应用上有所区别，此处不再赘述。

海尔PBC的绩效评价结果

海尔PBC绩效评价结果分为A、B+、B、C、D五档，如表14-1所示。

表14-1 海尔绩效评价结果

绩效等级	定义	描述	结果确认
A	非常出色的，年度顶级贡献者	取得杰出的成果；业绩明显高于其他（同级别/工作性质）的人。超出或有时远远超出绩效目标；为他人提供极大的支持和帮助并表现出其职能岗位所需的各项能力素质	直线经理评估 二线经理审核
B+	出色的，高于平均的贡献者	工作范围和影响力超越其工作职责；绩效表现超过大多数同事，有发展的眼光及影响力。总是能达到或有时超出绩效目标；为他人提供有力的支持和帮助并表现出其职能岗位所需的各项典型能力素质	直线经理评估 二线经理审核
B	胜任的，扎实的贡献者	始终如一地实现工作职责；具有适当的知识、技能、有效性和积极性水平。基本能达到或有时超出绩效目标；为他人提供相应的支持和帮助并表现出其职能岗位所需的各项技能	直线经理评估 二线经理审核
C	需要改进提高的，最低贡献者	与他人相比，不能充分执行所有的工作职责，或者虽执行了职责但水平较低或成果较差；并且/或者不能证明具有一定水平的知识、技能、有效性和积极性。连续的绩效评价结果为C，绩效是不可接受的，需要提高	直线经理评估 二线经理审核
D	不能令人满意的	不能证明其具备所需的知识和技能，或不能利用所需的知识和技能；不能执行其工作职责；在连续被定级为D之后仍未显示出提高	直线经理评估 二线经理审核

附录A
PBC应用表格

表A-1 采购管理部KPI指标示例（仅供参考，不同企业侧重点各不相同）

序号	关键绩效指标		指标定义	权重	单位	目标	计分规则	数据提供部门
1	采购成本降低率	主产品之一	单品价格总和降低率	30	%	10%	1．采购成本降低率在10%，每降1个点，加1分 2．采购成本降低率在10%以内，每降1个点，扣1分	财务部
2		主产品之二				10%	同上	
3		主产品之三				10%	同上	
4	采购全品合格率	框架结构件	工程部、质量控制部反馈的全品质量合格情况	30	%	100%	每高于（低于）目标值1%，加（减）1分	质量部
5		主产品之四				100%	同上	
6		辅件一				100%	同上	
7	交货及时率	框架结构件	按采购计划书上约定时间交货	30	%	100%	1．一般每个订单迟交货1天，扣1分 2．因交货不及时影响工程项目施工的，扣1分／次	工程与售后服务部
8		主产品之四				100%		
9		辅件一				100%		
10	新供应商导入			10	个	20		采购委员会

附录A　PBC应用表格

表A-2　人力资源部KPI指标示例（仅供参考，不同企业侧重点各不相同）

序号	关键绩效指标	指标定义	权重	单位	目标	计分规则	数据提供部门
1	招聘计划完成率	1. 年初的企业三定表 2. 经企业审批的临时招聘计划 3. 用人部门须提交用人需求表	30	%	95%	完成招聘计划的80%以下，计0分 完成招聘计划的80%~95%，每少完成1%扣1分 完成招聘计划的95%以上每超过1%加1分	人力资源部
2	绩效考核的及时性与准确性	1. 4月5日，7月5日，10月8日前，1月5日前分别完成1~4季度考核结果，并报企业审批 2. 考核结果有依据，有签字 3. 绩效考核体系于3月底完成并颁布	30	%	98%	如逾期5日以上的或错误次数超过5人次的，计0分 计划内完成，错误人次为0的，计满分 逾期的，按每天扣3分；错误1人次扣1分 另，员工满意度95%以上的，每个百分点可加1分	人力资源部
3	培训计划完成及时性	1. 经企业审批的年度培训计划表 2. 常规培训的组织与实施（新员工培训） 3. 临时性培训的组织与实施	30	%	95%	如完成培训计划的90%以下，计0分 完成培训计划的90%~95%，每少完成1%扣2分，完成95%以上每超过1%加1分	人力资源部
4	核心员工离职率	1. 部门副职以上人员 2. 核心技术员（须定义）	10	%	5%	核心员离职人数/核心员工平均人数	人力资源部

表A-3 财务部KPI指标示例（仅供参考，不同企业侧重点各不相同）

序号	关键绩效指标	指标定义	权重	单位	目标	计分规则	数据提供部门
1	净利润	账面净利润完成率	15	%	100%	按董事会下达的年度预算指标，每高于（低于）目标值1%，加（减）1分	财务部
2	融资额	全年获得的总融资额度	25	%	100%	每高于（低于）目标值1%，加（减）1分	财务部
3	预算控制率	年度预算费用控制完成率	30	%	100%	按年度预算值每下降（上升）1%，加（减）2分	财务部
4	财务数据提供及时性与准确性	反向投诉考核	30	%	100%	每延迟一天扣1分，每错误1处扣1分	各部门

附录A PBC应用表格

表A-4 生产部KPI指标示例（仅供参考，不同企业侧重点各不相同）

序号	关键绩效指标		指标定义	权重	单位	目标	计分规则	数据提供部门
1	交货准时率	主产品	按采购计划交货准时，每迟1天扣1分（供应商原材料批量质量问题、技术图纸更改所造成的延误除外）	40	%	100%	按采购计划书，每推迟一天，扣1分	采购部
2	产品批量事故率	主产品	生产出现批量质量事故一次扣5分（属供应商原材料质量除外）	30	%	100%	按生产图纸，出现批量组装质量事件，每出现一次扣5分	质量部、售后服务部
3	产品成本	主产品	生产成本每上升100元扣1分	20	%	100%	按技术部的BOM表材料和采购核准的采购价，每台风机成本增加100元扣1分；每台风机成本降低100元加1分	财务部
4	物流发货准确率		按采购计划及时发运，每迟到一天扣1分、每发错一次扣5分	10	个	100%	按采购计划书所规定的地址发货，每迟到一天扣1分、一次发错扣5分	采购部

表A-5 强制分配比例表（数据仅供参考）

考核分数	X≥95	90≤X<95	80≤X<90	70≤X<80	X<70
考核等级	A（杰出）	B+（优秀）	B（扎实）	C（较低）	D（不可接受）
绩效系数	3	2	1	0.8	0~0.8
强制分布比例	≤5%	≤5%	60%~80%	≥5%	≥5%

表A-6 员工绩效反馈面谈表

被考核者姓名		部门		职位	
面谈人姓名		面谈时间		面谈地点	
考核周期		考核得分		绩效等级	
1.考核周期内员工突出的业绩或卓越的表现（上级填写）					
2.考核周期内员工工作中存在的不足及需要提升的技能或能力（上级填写）					
3.考核周期内工作中相对薄弱的部分，计划采取解决方法及上级的指导意见（员工填写）					
4.在下一考核周期内完成工作目标存在的困难或需要协调的事项（员工填写）					
面谈人签名		被考核者签名			

填写说明：

（1）面谈人与被考核者务必认真填写。

（2）填写内容须与实际面谈相一致，越详细越好。

（3）本面谈表由人力资源部负责收集存档。

附录A　PBC应用表格

表A-7　员工绩效意见反馈表

填写日期：

被考核者姓名		工　号	
部　门		评估期	

我承诺，提供的以下事实依据是具体的、客观的、公正的！

1. 被考核者在相关工作中承担的任务和角色：

被考核者描述：

绩效评价者描述：

2. 对照被考核者的个人绩效承诺内容，评价其在考核期内承诺的主要计划与措施的达成情况：

被考核者承诺：

绩效评价者：

3. 被考核者在考评期内表现出来的行为、技能和需要改进的地方（用关键事件加以说明）：

考虑到所有影响因素，最贴切地描述该员工在这一时期内的绩效达成情况：
（请针对被考核者任务的完成情况，提供具体客观的事实依据并做必要评价；不宜评价或难以评价的，则只提供事实依据）
☐ A 杰出贡献者
☐ B+ 优秀贡献者
☐ B 扎实贡献者
☐ C 较低贡献者
☐ D 不可接受者

绩效评价者签名：　　　　　　　　　　　　　时间：

注：本表由在月度PBC绩效考核中，由绩效评价者根据员工考核责任人的要求填写。

表A-8 绩效申诉表

姓名		所属部门		工作岗位	
直线主管			考核评定等级		

申诉理由：

员工签名 / 日期：

人力资源部与员工面谈记录：

人力资源部面谈者签名 / 日期：
员工签名 / 日期：

人力资源部与申诉者直线主管面谈记录：

人力资源部面谈者签名 / 日期：
直线主管签名 / 日期：

人力资源部处理意见：

签名 / 日期：

人力资源部分管领导最终裁决：

签名 / 日期：

信息反馈记录：

直线主管签名 / 日期：
员工签名 / 日期：

后记

我一直认为，人是这个星球上最精密的物种，要准确、客观地予以评价、评估谈何容易。传统的绩效管理多从企业自身战略目标与需要出发，通过各种定量、定性的描述工具与手段来测量被考核者是否达到要求或符合标准，被考核者一般都是被动地接受。

基于PBC的绩效管理，通过组织绩效的层层传递，通过被考核者的个人绩效承诺，通过对被考核者创造价值的多维评价，以被考核者责任结果为依据，上下同欲、力出一孔，变被动为主动，其精髓其实可以用十个字来概括：

赢。

承诺。

价值论。

责任结果。

基于绩效承诺、责任结果的PBC是一个实用、有效的绩效管理工具，有条件的企业人力资源从业人员不妨一试！

参考文献

[1] 冠良.任正非管理思想大全集（超值白金版）[M].深圳：海天出版社，2015.

[2] 文丽颜.华为的人力资源管理[M].深圳：海天出版社，2015.

[3] 张继辰.华为的绩效管理[M].深圳：海天出版社，2016.

[4] 吴春波.华为没有秘密（珍藏版）[M].北京：中信出版社，2016.

[5] 黄卫伟.以奋斗者为本：华为公司人力资源管理纲要[M].北京：中信出版社，2014.

[6] 饶征，孙波.以KPI为核心的绩效管理[M].北京：中国人民大学出版社，2003.

[7] 余世维.打造高绩效团队（第2版）[M].北京：北京联合出版公司，2012.

[8] 王军.绩思微言之09：就是这么任性，"正能量"也是绩效.新浪博客，2015-08-11

[9] 陈镭.目标与关键成果法[M].北京：机械工业出版社，2017.

[10] 约瑟夫·M.朱兰，约翰夫·A.德费欧.朱兰质量手册：通向卓越绩效的全面指南[M].焦叔斌，苏强，杨坤，等，译.北京：中国人民大学出版社，2014.

[11] 马海刚，彭剑锋，西楠.HR三支柱：人力资源管理转型升级与实践创新[M].北京：中国人民大学出版社，2017.

[12] 杨长清，唐志敏.招聘、面试、录用及员工管理实操从新手到高手[M].北京：铁道出版社，2015.

反侵权盗版声明

电子工业出版社依法对本作品享有专有出版权。任何未经权利人书面许可，复制、销售或通过信息网络传播本作品的行为；歪曲、篡改、剽窃本作品的行为，均违反《中华人民共和国著作权法》，其行为人应承担相应的民事责任和行政责任，构成犯罪的，将被依法追究刑事责任。

为了维护市场秩序，保护权利人的合法权益，我社将依法查处和打击侵权盗版的单位和个人。欢迎社会各界人士积极举报侵权盗版行为，本社将奖励举报有功人员，并保证举报人的信息不被泄露。

举报电话：（010）88254396；（010）88258888
传　　真：（010）88254397
E-mail：dbqq@phei.com.cn
通信地址：北京市万寿路173信箱
　　　　　电子工业出版社总编办公室
邮　　编：100036